オモシロはみだし台湾さんぽ

奥谷道草

交通新聞社

はじめに

台湾にハマりたいあなたに ほんの半歩先行く散策の手引きです

哈囉《ハロー》。

現在、日本では、台湾旅行人気の追い風に乗って、台湾関連の本や特集雑誌が次々と、食傷気味になるほど世に送り出されています。あ、この本もそのひとつか。

しかし数は出ているものの、内容の方は、台北中心の女子旅行者向けがほとんど。ニーズに合わせてのことだから当然なのですが、台湾に行くのは好奇心行動力あふるる利発な女性ばかりとは、もちろん限りません。ワタシのようなお気楽な中年夫婦やカップル、野郎どもだって訪れます。そしてそれぞれの楽しみ方ができる。

我々の場合、観光客でごった返す混み混みの有名スポットが苦手で、ガイドブックの冒頭に必ず登場する國立故宮博物院や超有名小籠包店、近隣の九份《ジョウフェン》の街、名物の大きな夜市などにも食指が動かないときています。そんなヒネた連中でも楽しく過ごせるんだから、台湾さん懐が広い。

そう言っておいて何ですが、最初の訪問ではアウトラインを知るという意味でも有名スポットは幾つかまわったほうがやはりいい。しかし2回目以降、少し慣れてきて、トレースしやすい王道の観光コースからはみだし、我が道を追求しようとすると、思いのほか手こずります。少なくとも我々はそうでした。いくら身近な感じのする近い海外だからといっても、近くて遠い部分も少なからずある。「言葉の問題」もあるし、日本で手に入る情報が偏っていることもあります。

たとえば、日本のガイドでは、我々の大好きな台中の街のことなど、指でつまめる程度しか触れられていません。それが現地の書店を漁れば、台中だけのガイドブックが何冊も揃っていて、情報格差にちょっと驚きます。台北関連の情報も推して知るべし。

また、懸命に情報を揃えて自分たちなりに散策しようとしても、ある程度目の付けどころというか方針が定まりませんと、漫然と歩きまわることになります。それもアリだけど、台湾は歩道の凹凸が激しいし、地方は交通の便がイマイチなので結構疲れます。

そこでこの本では、観光スポット巡りはさておき、台湾の街を好奇心を持って普段どおりの散歩目線でさまようための足がかりを、あれこれ紹介すべく努めました。

大名旅行でも節約旅行でもなく、散歩ライターとしての経験を元に、台北と東京を地図で比較してみたり（22ページ）、にわかに目覚めた台湾フルーツの魅力を熱く語り（76ページ）、こだわりのシブい雑貨を追い求める（84ページ）、という具合。

ワタシとツマは今でこそ台湾の言葉を習いつつ、移住もほんのり夢見るほどに台湾散歩の深みにハマりこんでおりますが、渡台歴は実質5年あまり。今だ未踏地帯テンコ盛りの新参者で、偉そうなこと言える立場にはありません。台湾にハマりたい、あるいはハマりだした方の同胞であり、ほんの半歩先いく散策の手引きといったところです。あくまで足がかりなので、食指の動く情報があれば、さらに調べて磨き上げ、自己流の台湾散歩につなげていただけたらシアワセです。

機会があれば、あちらの路上ですれ違いましょう。

もくじ

第2章　大人世代の台湾グルメ歩き

第5章 台湾さんぽ 実録ケーススタディ

＊本書の内容は2015年8月現在のものです。

定番から新作まで
底ナシの美味欲が生む
台湾の食の数々に溺れる

定番のガチョウ料理をコメとワインで。ご馳走は屋台料理だけじゃないよ（57ページ）。

生マンゴー、マンゴー氷キューブ、マンゴーアイスと正にマンゴー尽くしだ、万歳！（77ページ）

1

2

3

4

1.2. 並ぶ海の幸を見るだけでレベルがうかがえる。小粒で濃厚な台湾カキフライとほの甘いタケノコの水煮、もちろん美味！（61 ページ）**3.4.** 茶葉の見本を見て嗅いで品定めできる smith&hsu。軽食も手が込んでいる（72 ページ）。

老舗珈琲店のハウスコーヒーは
ミルク入り。懐かしい味にしみじ
みするひととき（74 ページ）。

新旧組み合わさって
洗練されていく街並みは
台湾の魅力のひとつ

近年リニューアルした台北駅構内は飲食系が充実。天窓の高い古い駅舎の活かし方がオツ。

タバコ工場を再生した文化施設・
松山文創園区を見下ろす Eslite
Hotel 客室から（112 ページ）。

ひたすらどこまでも絵になるザ・ラルーは台湾の桃源郷（146 ページ）。

台湾では書籍文化を根強く感じる。とくにこの場所は（43 ページ）。

入り口から正にボヘミアーンしていてワクワクの芸術村（45 ページ）。

店名は病院風、中はハリー・ポッター風でアイス店ですと？（77 ページ）。

これから期待の雑貨類
実用本位のシブ物を求めて
買い漁る

1. 地元御用達の革スリッパ。ワークな感じのがっちりステッチに惚れた。（以下 84 ページ） **2.** 底厚でしっかりした造りのビーチ・サンダル、配色のセンスが台湾してるんだな。

3. ワンポイント刺繍が大人かわいいTシャツをペアで。上質な綿100％で着心地いいぞ。　4. Vネックの仕事着Tシャツは乾きやすくてタフ。前後のシンプルなロゴもツボで思わぬ拾い物だった。

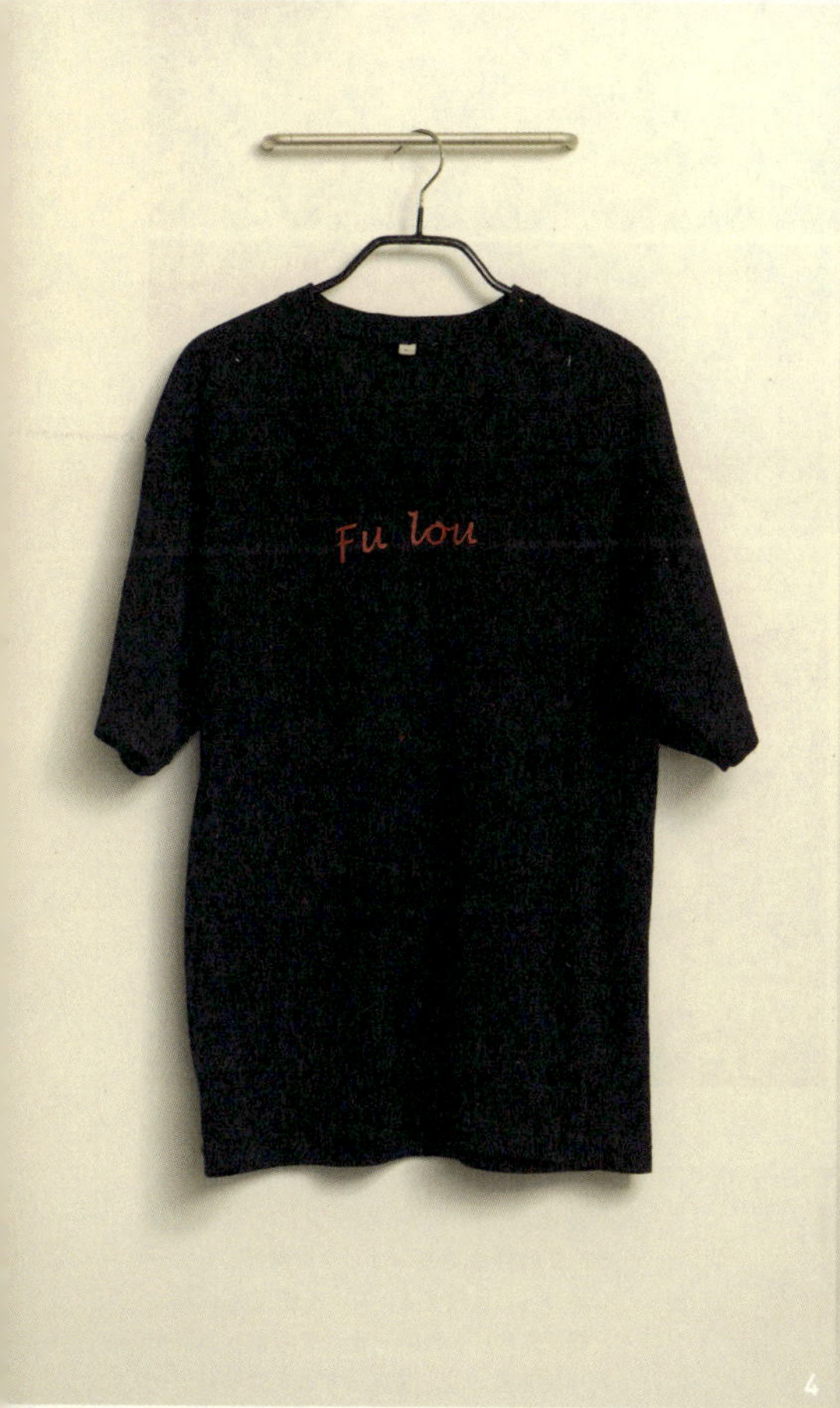

4

3

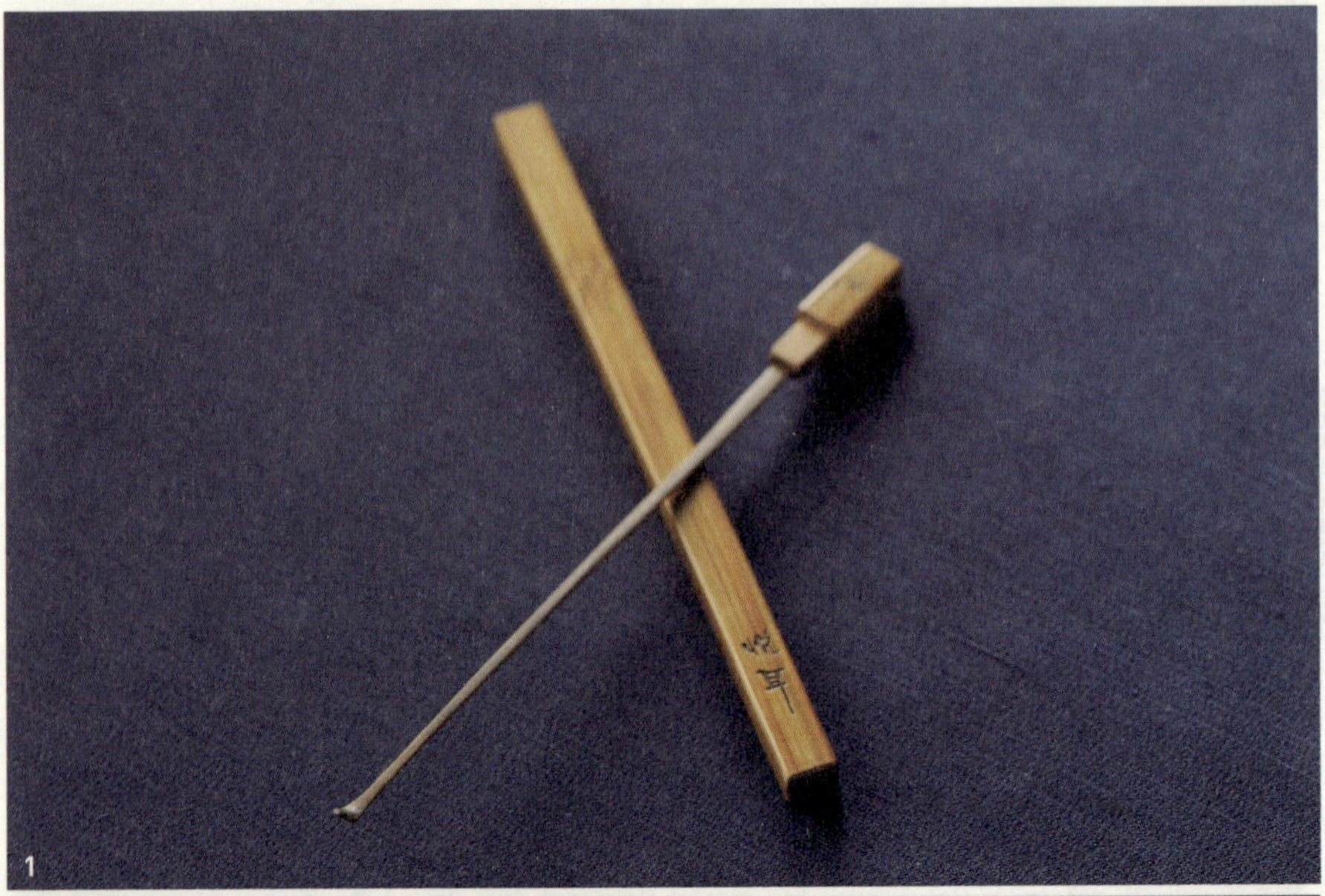
1

3

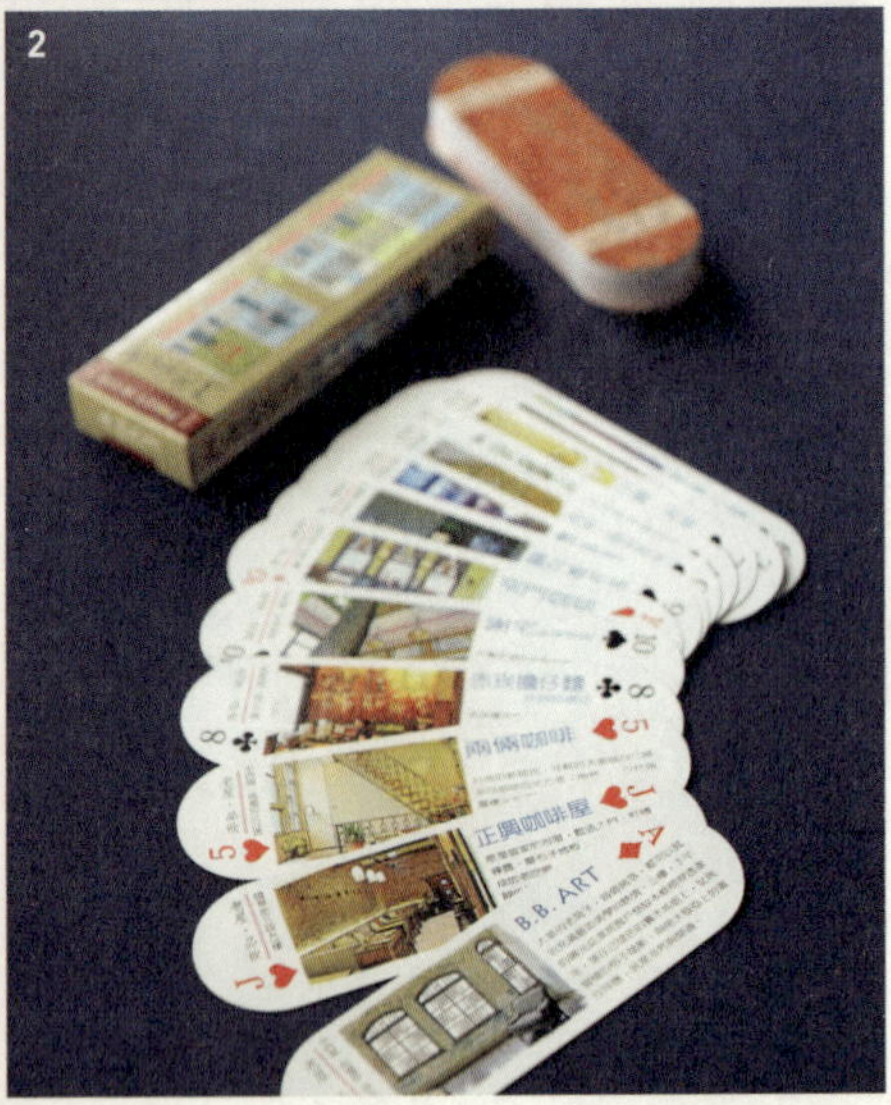
2

5

4

1. 伝統工芸の竹細工を現代風に発展させた美しい耳かき。しなりを活かし使い心地抜群（以下84 ページ）。 **2.** 一見トランプの台南最新スポットを網羅したカードはけっこう使える。**3.** メモ帳は手に持つと傾（かし）ぐもの。それを考慮した斜線入りメモ帳。立ってメモするとなるほどの使い勝手。 **4.5.** バラエティーストアで偶然みつけたペットボトル・フック。ありそうでないアイディア商品。重宝してます。

6

7

6. 林百貨オリジナルのレトロなダボシャツ。左胸ポケットのロゴマークがポイント。戦前日本人が持ち込んだとかで、ねっとり暑い日にはさらっとしていて心地よく部屋着に大活躍。生地が薄いので洗濯注意。
7. ツマの買った若手作家によるバッグ。三角形を二つ折りにした造りで、収納もまずまず、手持ち・肩掛けと使い分けできる。履いている渋いワイドパンツは知る人ぞ知る鄭惠中の品。

大衆料理店でしばしば目にする「おいしい」の文字入り皿。我が家では台湾家庭料理の番茄炒蛋（卵トマト炒め）にシャレで登場（以下84ページ）。

こちらも屋台や大衆料理店でおなじみのステンレス製のレンゲ。和製のものより底浅で大きいので、スプーンの様に使い回せる。

セイロ用の丸い敷き布で肉まんを蒸すの図。繰り返し使えるのがポイントだが蒸してみるとめくれやすいのが難点、とツマ。

台中『無藏茗茶』の高山緑茶な
る台湾緑茶がさっぱりまろやか
で好物。缶もカワイイし、保管
用の筒型クリップも何気に良品。

なんとなくのスケール感、街に馴染む目安に

台北×東京 雰囲気比較マップ

※MRT路線図は 2015年 8月時点

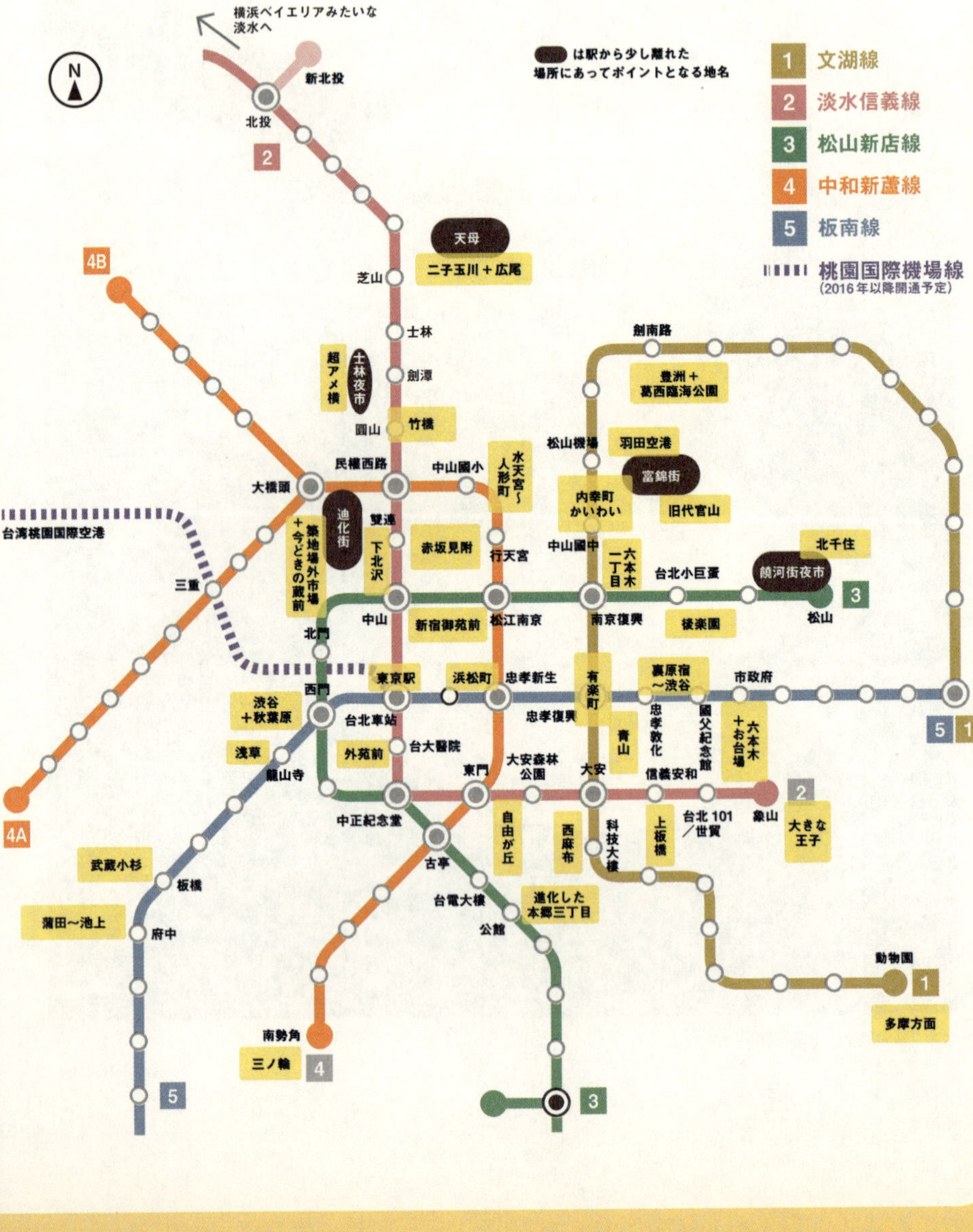

台北と東京の中心部を地図で見比べると、ほぼ同じサイズであることに気がつく。台北駅に新宿駅を重ねれば、東京駅が國父記念館駅あたりに位置し、ノッポの台北 101 ビルはその東先にある月島。さらにその先の松山駅は錦糸町。北端の圓山駅は池袋、中正紀念堂駅が渋谷。東門駅は乃木坂。公館駅が品川。西門駅が初台で、龍山寺駅は笹塚。おいおい、松山機場駅は根津谷中かよ、等々。このスケール感を心得ているだけでも、台北散歩が身近になる。

さらにそこから半歩進めてみたのが、こちらの「台北×東京　雰囲気比較マップ」だ。MRT（台北捷運）の路線図を下敷きにして、ガイドブック等でおなじみの駅を中心に、それぞれにマッチしそうな東京近郊の地名を当てはめてみた。

台北の街も高密度なので、様々なタイプの場所が幕の内弁当状態で集まっている。そのあたりも東京と似ていて、比較におあつらえ向きだ。これでもって張り合うなんて意図は全くない。あくまで台湾の街に馴染む目安である。

当てはめた地名は個人的印象にすぎないので、異論は大いに認める。下町風か山の手風か、ぐらいの違いはズレていないつもりだが、歩きまわって、「この筋は確かに下北っぽいねえ」とか、「ここはどちらかといえば恵比寿だよ」、とかツッコミ入れつつ、自分だけの発見を楽しんでもらいたい。

◎内幸町かいわい

中山國中駅

見かけは初台だが、歩いてみるともう少し都心部寄りのシックなオフィス街。近隣に日比谷公園っぽい栄星公園。

◎後楽園

台北小巨蛋駅

台北小巨蛋（台北アリーナ）が東京ドームに相応。ただし遊園地はない。

◎新宿御苑前

中山駅〜松江南京駅間

公園が新宿御苑、通りの裏手にディープ系飲み屋街。

◎六本木＋お台場

市政府駅〜台北 101 / 世貿駅

台北 101 は六本木ヒルズ。海外ブランドショップとイベントの喧騒が織りなす浮世離れした祝祭空間。

◎有楽町

忠孝復興駅

百貨店文化が根強く残る台湾においての目抜きデパートゾーン。

◎赤坂見附

中山駅東側

外国（日本）人向けの落ち着いた老舗ホテルが並ぶ、年配向け安心のスタンダード感。

◎外苑前

台大醫院駅

明治神宮外苑を思わせる二二八平和公園、聖徳記念絵画館の佇まいを見せる国立台湾博物館。心地よい隔絶感。

◎超アメ横

士林夜市（最寄駅：劍潭駅）

観光客で大にぎわいの士林夜市は、夜仕様の巨大アメ横。

◎裏原宿〜渋谷

忠孝敦化駅〜國父紀念館駅の北側

狭い裏筋に若向けファッション店が並ぶ雑然とした雰囲気と若人の熱気。

◎多摩方面

動物園駅

郊外で動物園つながりって程度です。

◎青山

仁愛敦南圓環周辺
（忠孝敦化駅から徒歩 5分）

青山通りとキラー通りの交差点を大きくした感じ。筋のいい高級店が通りの表裏に、裏筋にレストラン。誠品書店敦南店は旧ベルコモンズのポジションか。

◎竹橋

圓山駅

落ち着いた台北市立美術館は国立近代美術館そっくり。巨大な『圓山大飯店』が武道館で、圓山公園は北の丸公園か。

◎上板橋

信義安和駅

2014年に駅が開業し、手つかずの地元感たっぷり。ロケーションや渋い商店街とか上板橋ぐらいの感じ。

◎大きな王子

象山駅

王子の飛鳥山を本格的に大きくしたやつが象山。訪れたことのある地元民があまりいない点も似ている。

◎築地場外市場＋今どきの蔵前

迪化街
（北門駅から徒歩 8分）

アメ横っぽくもあるが、もう少し渋いので僅差で築地場外市場。加えて、リノベーションしたオシャレな店が増えてきた蔵前周辺の味わいがある。

◎蒲田〜池上

府中駅

池上本門寺の境内を思わせなくもない名園・林家花園。駅前は田舎駅風のゆるやかな賑わいぶりが蒲田チック。

◎東京駅

台北車站（台北駅）

主役級の駅のみならず、周辺の北側はリッチな丸の内、南側は庶民派の八重洲風、巨大地下街まである双子ぶり。

◎羽田空港

松山機場駅

羽田空港国際線第2ターミナル。

◎武蔵小杉

板橋駅

台北市の川向こう新北市の、台湾新幹線の1つめの停車駅。郊外感と新幹線がらみの再開発でオオバコ建築物ばかりが目立つさまがそれっぽい。

◎下北沢

中山駅〜雙連駅西側

中山駅〜雙連駅に並行して延びる赤峰街を軸に雑貨・カフェゾーンと化しつつある。店の雰囲気といい商品のクオリティーといい、下北あたりのラフ感。

◎自由が丘

東門駅〜台電大樓駅

規模、雰囲気、店の種類、客筋ともにざっくり自由が丘。 ただし超有名小籠包店の前だけ観光客群がる新宿アルタ前。

◎進化した本郷三丁目

公館駅

台湾大学≒東大の門前の飲食店街を雰囲気そのままにバージョンアップ。徒歩圏内には『ラ・クーア』ほどの規模のハイソな新名所、寶藏巌国際芸術村。

◎浜松町

忠孝新生駅

都心のエアポケット。観光客に縁があるのは、旧芝離宮庭園的な位置の華山1914文化創意産業園區ぐらい。

◎西麻布

大安森林公園駅〜科技大樓駅

大安森林公園≒有栖川公園の向こうに広がる高級エリア。何もなさそうで散策すると隠れ家風飲食店が見え隠れ。

◎北千住

饒河街夜市（最寄駅：松山駅）

饒河街夜市は都心からちょい離れたレトロな穴場感と、密度の高い飲食店街や商店街が北千住を思い起こさせる。

◎六本木一丁目

南京復興駅

手練れの外国人向け飲食店やホテルが並び、中心地から少しずれた静かめのロケーションが六本木一丁目。

◎二子玉川＋広尾

天母（最寄駅：芝山）

リッチな外国人居留区。芝山駅近くの地元民御用達の『太平洋 SOGO』周辺が二子玉川駅前風。ずっと奥の『新光三越』辺りは、よりハイソになって広尾と化す。

◎水天宮〜人形町

中山國小駅〜行天宮駅

行天宮が水天宮で、碁盤目状の道路に穴場っぽい飲食店が並ぶ。全体に薄く漂うレトロ感もそれっぽい。

◎渋谷＋秋葉原

西門駅

秋葉原テイストの雑居ビルと渋谷センター街のごとき路面店の共存しているさまは、ある意味奇跡的。

◎浅草

龍山寺駅

龍山寺が浅草寺、いかがわしさが香わしい華西街観光夜市は、先祖返りした浅草六区。客筋も年齢層高めで浅草風。

◎三ノ輪

南勢角駅

あの都電の終着駅周辺風なディープな場末感。下町風情たっぷりの商店街は町屋あたりの雰囲気もあるか。素敵。

◎旧代官山

富錦街（最寄駅：松山機場駅）

広大なビンテージ・マンション群とその街並みを活かしたハイセンスな店の数々。同潤会アパートの立ち並んでいた在りし日の代官山の薫り。

◎豊洲＋葛西臨海公園

剣南路駅南側を中心とする対岸

観覧車が目印の美麗華百楽園は葛西臨海公園チックだが、他に大きな目玉がないのでトータルな感じは豊洲。

第1章

台湾さんぽの注目テーマ

いろんな古さを愛で歩き

〝老街《ラオジェ》〟と〝舊街《ジウジェ》〟のはざまをぶらり

受講中の初級中国語によりますと、中国語には古さに関して「老《ラオ》」と「舊《ジウ》」2種類の言葉があり、「老」は手入れして大切に扱われてきた古さ、「舊」は放っておかれたボロい感じなんだとか。

それゆえ「老街」は、大切に守られてきた古い道筋のことを指す。育ちのいい旧市街といったところか。風情があって味な軽食店や市場が隠れていることも多い老街を求めて、あちこちまわってみるのも台湾散歩のお楽しみである。

迪化街《ディフォアジェ》は、台北の老街の代表格だろう。

漢方薬、乾物、お茶、布などを扱う台北一古い問屋筋で、80年代には道路拡張に伴う消滅の危機に見舞われたこともあった。存続運動によってそれを乗り越え、今や古風な問屋に加えて、年代物の建物をリノベーションしたカフェ・雑貨店が続々開店する屈指の観光地となっている。築地場外風の活気が楽しく、新旧の文化が融合し合っ

◉鹿港

台湾中部に位置し、清との貿易で栄えた港町。１００年を超すレンガ造りの建物や小道が残る老街。古寺と、シャコの揚げ物、カキの卵とじの「可仔煎（カーズージェン）」などが名物。

ている姿は、台北の明日を担うモデルケースのようにも見える。散歩好きなら必ず散策しておくべき通りだ。

ただし、あなたが古いモノ好きで手練れの散歩者であるなら、満点はつけられないはず。推薦しておいて何ですが、ワタシもイマイチぐっときません。観光地化が進みすぎて、所々これ見よがしな作意が目につくのだ。北端の方など、古い感じの廻廊まで新しくできちゃった。気持ちはわからなくもないけど、それではテーマパークです。

老街のテーマパーク化は、迪化街だけの話ではない。全土のちょっと知られた老街は、調べてみるとこの傾向が少なからず見られるようだ。

体験したところだと、台中のレトロな港町・鹿港《ルーガン》は、いい風情の裏筋を歩いていると唐突に土産モノ屋が出現するし、台南の古跡・安平老街《アンピンラオジェ》とも呼ばれる延平街《イエンピンジェ》も細くて混み混みのやはり土産モノ屋街。裏手の路地は味があるものの、散歩的に遠方からわざわざ来るほどの魅力は感じなかった。歴史的文化的には大いに価値のある場所ではあるが、老街に関してはそんな調子である。

こういった傾向は観光地の宿命なんだろうし、否定はしない。であっても、散歩好きとしてはもちっと趣のある手つかずの老街をさまよってみたい。

手つかずの老街について、中国語を教わっている台北っ子のW老師《ラオシィ》=先生に相談

◉延平街
オランダ統治や明の遺臣・鄭成功による漢人政権樹立を経た安平において、"台湾で最初の街"といわれる古い筋。ドライフルーツの老舗などもあるが、軽食・土産物店などがびっしり立ち並び、古都の風情なんぞはてんでない。

神農街を訪れるなら雰囲気ある夜がベスト。長い路地に小店やカフェが並ぶ。

兌悦門は脇の石段から上ることができる。上から信義街を一望。老街の雰囲気を配慮しつつ小店が静かに立ち並ぶ。

富錦街は東西で２本に別れている。これは緑豊かな西側。

兌悦門は周囲の家並みに埋没した地味さがかえっていい。

住まい毎に手を加えた建物の表情と、年季の入った街路樹。

信義街のブックカフェのディスプレイはアートの薫り。

したところ、牯嶺街《グウリンジェ》あたりかなあと教えてくださった。わくわくして出かけると、小ぶりな古本屋が並ぶ街で地味そのもの。老街というより舊街の風情。ここまでシブすぎるとなあと頭をかいたものである。それでも、自分の求めているものが老街と舊街の中間ぐらいなのだ、とは判明した。

そんな微妙すぎる情報がたやすく手に入るわけもなく、現地で足の向くままに探し歩いている。成り行きで見つけた、訪れて損はなかった老街をいくつか紹介しよう。もっとも台湾は、大半が懐かしい老街的気配を多少含んでいるのですけどね。

［台北］

民生社区《ミンシャンシャアチュ》は台北・松山空港の南東部に広がるエリア。１９６０年代、アメリカに支援を仰いで開発した高級住宅地区で、地区全体がコミュニティーを形成している。そういった来歴があるせいか、このエリアには独特のしっとりした落ち着きがあり、何筋もの老街が交叉している。アメリカ支援にしてはヨーロッパっぽい雰囲気で、年季の入ったビンテージ・マンションと緑豊かな街路樹の続く美しさに息を呑む。

最近はここを東西に走る富錦街《フーチンジェ》が有名。ロケーションに惹かれて、カフェや高級セレクトショップが立ち並ぶさまは、かつての代官山っぽい（22ページ）。小ぶりなBEAMSや、JOURNAL STANDARD Furnitureの扱い店ができたり、と日本のオシャレ勢も上陸し、街のムードが小うるさく感じることも正直ある。よき老街なのは間違いないが、大通りを挟んだ、北の民生公園周辺の方が手つかずの雰囲気が残っていて、

◉牯嶺街（グウリンジェ）
最寄りは中正紀念堂駅。近くの南門市場には、肉乾（中国風の甘辛い味付けのジャーキー）の名店『金龍』などもあってオススメ。

［台北］
●迪化街　MAP P155 B-1
●富錦街　MAP P154 A-4

さまよいがあると思う。小雨混じりの日なども風情があっていいもんだ。

【台中】

台鉄台中駅近くの短い2本の筋。まず、青草街《チンツァオジェ》は珍しい薬草店街で、青々とした薬草が八百屋の店先のように並んでいる雰囲気が独特。その近くの台中電子街《タイチョンデェンツージェ》は、短い筋にPC関連のショップと居酒屋系がごちゃごちゃ並並ぶ「舊街」寄りの筋。PC関連の店の名が「日本橋」だったり、「銀座」というくたびれた宿があったりと、何かと日本びいき。東京の場末のガード下を彷彿させる昭和臭を放っている。

【台南】

台南で初めて訪れた老街は神農街《シェンノンジェ》。2階建ての古民家に手作り工芸品や、ギャラリー、カフェ等が入り混み、突き当たりの神農廟まで続いている。夜はライトアップされ、写真うつりが異常にいいが実物はそこそこ。何軒かのリノベ・カフェを除けば、散歩オジサン的に食指は動かなかった。有名な老街だが、むしろその先にある、信義街《シンイージェ》をオススメする。地図で確認しても、通り過ぎそうな狭い入り口の先に続く路地は、途中大通りを越えてさらに進み、昔、台南を囲んでいた城壁の一部、兌悦門《ドゥイユエマン》でゴールとなる。路地のあちこちにセンスのいいカフェや小料理店がバランスよく点在しているが、新しい店が増えているので、穴場的な雰囲気がなくなるのは時間の問題か。

［台南］

●神農街　MAP P157 B-1

●信義街　MAP P157 B-1

●兌悦門　MAP P157 B-1

●延平街　MAP P157 A-1

［台中］

●青草街　MAP P156 C-4

●台中電子街　MAP P156 C-4

●鹿港　MAP P152 B-3

日本を知るからこその楽しみ

「日式」で味わう懐かし感覚

台湾の繁華街やフードコートをぶらつくと目に入ってくるのが、「日式《リーシー》」の2文字。〝日本式〟という意味で、美容院や飲食関係の看板で使われている率が高い。「日式拉麵《リーシーラーミイエン》」とあれば、本場中国の麺類とは別の日本式ラーメンのこと。「日式咖哩《リーシーカーリー》」は日本のカレーライスで、なぜかインド料理店より目につく。「日式豬排《リーシーヂュウパイ》」ならトンカツだ。また、日式とことさらうたわなくても、日本的なものは台湾の日常にたんと入り込んでいる。

見慣れた日本語の商品も多く並ぶ日系コンビニ、『全家《チュエンチャー》』＝ファミリーマートや、セブン・イレブンの普及率は苦笑する勢いだし、ライスバーガーが人気の『摩斯漢堡《ムォスーハンバォ》』＝モスバーガーの進出ぶりにも目を見張る。

駅構内にはテイクアウトの寿司店、田舎の駅であっても売店には日本のマンガの翻訳本が日焼けして並んでいたりする。スーパーをのぞけば、精肉コーナーに松阪牛な

台中火車駅のテイクアウトスシ

◉ファミリーマートやセブン・イレブン
公式サイトによると、台湾には現在ファミリーマート2964軒（2015年8月時点）、セブン・イレブン5022軒が営業中（2015年6月時点）。これが九州サイズの島に収まっているのだからとんでもない数。

◉モスバーガー
海外店324軒のうち、240軒が台湾（2015年8月時点）。

『松井家』の玄関前。のれん、年代物の木製ドア、日本語表記の標識を、どことなく南方風の意匠が包み込む。

らぬ、松阪猪（松阪豚）なんてアヤシゲなものまである。

表記に関しても、平仮名の「の」の字がしゃれた感じで使われる。あくまでしゃれなので、日本人から見ると使い方が微妙だったりするのはご愛嬌。我々のような妙齢の男女を、歐基桑《オウジーサン》・歐巴桑《オウバーサン》。おじさん・おばさん、とも呼称する。まんますぎるので、やめていただきたい。

こういった台湾の日本趣味は、戦前の日本統治時代に由来する事柄も多く、よくも悪くも歴史の一部分として根付いている。そのため、日本的なものはレトロ趣味とも結びつきやすい。ことに建物において顕著だ。台湾では、戦前に遡る木造建築＝日本家屋というのがざっくりした認識。年代物の木造の民家をリノベーションして茶芸館やカフェに利用する場合、日式はレトロ感をもたらす重要なカギになる。ときには、畳敷きの部屋も用意される。

根っこに和を秘めた台湾の建物は、日本人に不可思議な郷愁感を呼びおこす。異国であって異国でない、パラレルワールドに迷い込んだような魅力的なズレ感。そんな感覚を味わえるのは、僭越ながら、日本人ゆえの特権じゃなかろうか。

台鉄台南駅南側の駅前広場。新光三越デパートの裏手にまわり込み大通りを渡ると、小さな自由が丘風のファッション・エリアにたどり着く。２０１５年２月、こ

●松阪豚
松阪肉＝霜降りの高級肉、であることから、霜降りの豚肉＝豚トロのことを指す。部位の名称であるから、日本の松阪産でもなんでもない。同じく、松阪肉も日本産とは限らない。

●畳敷き
そもそも現地には昔からの畳職人がいる。

●日式に強調
『松井家』の和室にはちゃんと押入れが。そして中にはドラえもんが。

の一角におもしろい日式民宿スタイルの宿がオープンした。『旅・日・人ー松井家日式民宿《ソンジンチャリーシーミンスゥ》』である。

宿の前身は半世紀前、松井氏なる日本人が地元の台湾女性と結婚、妻方のご親族を安心させようと建てた立派な一軒家である。今の主は、隣の区画でオリジナルのストリート系ファッションの店を開いているJack氏だ。

ストリート系ファッションのオーナーと聞いてイケイケな相手を想像していたら、Jack氏は物腰の柔らかい温和な人物だった。高田馬場あたりをぶらついていそうな庶民派の雰囲気。背中と衿に「早稲田」の文字をあしらったトレードマークの小豆色のハッピにしても伊達じゃない。日本語は今ひとつ堪能ではないものの、2年間早稲田大学に留学していた経験もある、正真正銘の早大出身である。

建物は台湾の典型的な石造りの住宅だが、内装を日式に強調する形で全面リノベーション。入り口にオリジナル家紋付きのモダンな暖簾をかけ、玄関で靴を脱いで宿に入る。宿泊者はフロントで浴衣を選んで着替えたのち部屋へ。

畳敷きを含む「愛」「酒」「金」「旅」の4部屋が用意され、共用

自慢のユニットバス。和室はまるで日本の宿。板に付いた和服姿のJack氏とスタッフの紅玉さん。

の浴槽はわざわざ持ち込んだ日本純正のユニットバス。台南唯一のユニットバスだそうだ（そりゃまあそうでしょう）。入浴剤は、バスクリンほか各種日本製から選び、フロント前の冷蔵庫には冷酒完備。おつまみ類も柿の種とか日本づくし。ご近所散策は用意されて下駄でどうぞ、という具合。１階リビングスペースのコタツ風テーブルに陣取り、あぐらをかいて寛ぐこともできる。

『林百貨』は戦前の銀座三越のすがたに似ている。意識したのかもしれない。屋上の神社跡もなぜか人気スポット。

Jack氏は宿を開くにあたり、もともとここは日本人の暮らした住まいだし、自分も日本に留学した縁もある。それなら日式にこだわりぬいてみよう、と考えたのだという。

我々にとっては庶民的でベタな日本の日常そのものを、熱意をもって持ち込もうとしているあたりが興味深い。台湾の人にとって日式の落としどころは、どのあたりにあるんだろうなとちょっと考えてしまう。

ほかにも台南では、戦前創業の日系デパート『林百貨《リンバイフォ》』が商業施設として2013年に復活、時代色を全面に押し出し、日本由来のレトロなダボシャツ風の品（19ページ）を売り出したり、未訪だが60〜70年代の日本の喫茶店を完璧に再現した、台湾人の手による純喫茶『カドヤ』までできている。

これらは極端な例かもしれない。しかし台湾全土で日式が見られるのは確か。台湾と日本、ふたつの文化にはさまれた日式の妙味を求めさすらってみるのも、新たな日本発見にもつながっておもしろいんである。

［台南］

●旅.日.人_松井家日式民宿
台南市中西區民族路二段57巷9號
www.facebook.com/tabinibito
MAP P157 C-2

●林百貨
台南市中西区忠義路二段63號
www.hayashi.com.tw/ （日本語ページあり）
MAP P157 C-2

建築家からも大注目！

モダンでバブリー？ 現代台湾建築巡礼

K崎氏は、世界を小股にかけて活躍する右肩上がりの中堅建築家である。東京23区の境界線をなぞり歩いて共同で記事にしたり、なにげに長く散歩付き合いをさせていただいている。最近では、年1回程度の頻度で我々と台湾へ視察にも出かけている。アジア各地からも仕事の依頼があり、韓国では実績も残すK崎氏だが、氏にとっても台湾は格別リラックスできる場所だそうで、毎度ゆったりと「視察」を楽しんでいる。我々も視察の付き添いと称して建築めぐりを旅程につけ加え、注目の名建築やホテル、街筋などを説明・討論付きでまわっている。各種多彩な専門家とご一緒すると、同じ場所をなぞり歩いても発見があって新鮮な刺激をいただける。

台湾の都市部は今、建築ラッシュを迎えているそうだ。海外の建築家も数多くコンペに参加し、内外の力が合わさってクリエイティブな建物がどんどん建てられている。再開発地区は現代建築、旧市街はリノベーション物件と色合いが大別されて

いるようで、頭の片隅に覚えておくと街歩きの目安になる。
大規模な建物が次々に建てられすぎていて心配になるほどだが、訪れるたびに見るべき物件が増えているので、街並みに興味がある旅行者としては無責任にうれしい。また、必ずしも成功ばかりと限らないのは世の常で、空振り気味のバブリー物件も少なくない。その中から行きやすくて目についた物件を挙げてみると……。

【國家歌劇院《グオチャーグウジイユエン》（台中メトロポリタンオペラハウス）】
【台北文創大樓《タイベイワンチュアンダーロウ》（松山台北文創ビル）】

いずれも台湾で突出した仕事ぶりをみせている日本人建築家、伊東豊雄による話題の建物。2014年11月に完成した台中の國家歌劇院は、前評判が高すぎたせいか外観の印象は意外と地味。洞窟風の中身で勝負か。
2013年にタバコ工場跡地を再開発してできた台北の松山文創園區。その奥に悠然と立つ台北文創大樓は、曲面を大胆に取り入れたコンクリート打ちっぱなしのシャープな造形にグッとくる。建物の3分の1を占める『Eslite Hotel』（112ページ）の泊まり心地も格別。

【台湾桃園国際空港第1ターミナルビル（改修）】

同じく日本人建築家、團《だん》紀彦が2013年に改修を手掛けた。照明の使い方が巧みで、未来都市にさまよいこんだかのよう。使い勝手は台北松山空港が好きだけれど、

◉伊東豊雄
（1941～）せんだいメディアテーク、みなとみらい線元町・中華街駅など手がける。2011年には「今治市伊東豊雄建築ミュージアム」が開館、作品展示やプロジェクト図面のアーカイブを収蔵。

◉團紀彦
（1956～）作品にCOREDO室町（東京都中央区）など。2005年の愛知万博の政府原案に隅研吾らと共に参加。父は作曲家・エッセイストの團伊玖磨、曾祖父は三井財閥総帥の團琢磨と名門の係累。

左手奥が松山文創大樓。手前両側がタバコ工場だった建物（現展示場）で、新旧の取り合わせの妙が見事。

國家歌劇院は周辺を含め夜景も美しい。昼間に目立つ周囲のクマのマスコット像の違和感はどうにかならないか。

3重の回廊の下にもう1層隠れている誠品書店・中友百貨店の造り込みのスゴさ。これがデパートの中とは！

台湾桃園国際空港第1ターミナルビルもライトアップされた夜もまた綺麗。美術館のような落ち着きがある。

この空間のためだけに台湾桃園国際空港を使いたくなってきた。

【台北市立美術館《タイペイシーリーメイシューグアン》】

台湾人建築家、高而潘《ガオアーパン》設計の名作で１９８３年開館。白い積み木を重ね合わせたような凹凸の目立つ建物だが、一歩踏み入ると、凸凹による不自然な部屋のつながりをまるで感じないのが不思議（45ページ）。

【京華城《ジンファチォン》】

惑星のような丸い造形に圧倒される、巨大ショッピングモール。容姿に惹かれてわくわくして訪れてみたところ、くたびれた場末感がこってり漂い、広さも手伝って閑散とした状態。交通の便が悪くて客が集まらなかったようだ。近くにＭＲＴ松山線南京三民《ナンジンサンミン》駅もできたことだし、起死回生を一応期待。

◉ＭＲＴ松山線
２０１４年12月、北門駅から松山駅までの８駅８・５㎞が開通。南京東路・西路沿い、台北市街の東西を横断する。ＭＲＴは、桃園空港を結ぶ機場線など、今後も新線開通や延長が予定されている。

【高鉄・桃園駅】

桃園国際空港からの最寄り、ガラス張りで明るい駅。台湾高速鉄路（高鉄、いわゆる台湾新幹線）専用に造られた駅で、在来線に相当する台湾鉄道のレトロ風の駅とはうってかわって現代的でスタイリッシュ。空港を思わせる。

【誠品書店・中友百貨支店】

台湾全土にスタイリッシュな知を提供し続けている誠品書店には、魅力的な佇まいの店が多い。フラッグシップ店の台北信義店が有名だが、店内の造り込みのスゴさなら、台中・中友百貨支店をはずせない。地元デパートの10～11階のスペースを贅沢に使い、弧を描いた3層の書架など、さながら〝高級図書館〟。訪れる際にはC棟のエレベーターで。使わないと結構面倒くさい。

【公益路《ゴンイールウ》】

台中の街の中心部、公益路の大通りはグルメ激戦区。大箱の飲食店が軒を連ねているさまは、ちょっとバブル期の六本木を思い起こさせる華々しさ。散策するだけで楽しいが、食欲が素通りを許すまい。

台北・台中・台南それぞれの地域から現代建築を紹介しようと思ったが、どうも台南が思いつかない。台南は圧倒的にリノベーション物件の優れた街なんだなあ、とあらためて認識。台湾南部で現代建築を目指すなら、さらに南下して高雄まで行っちゃってください。

[台中]

●国家歌劇院
(台中メトロポリタンオペラハウス)
台中市政北二路 100-1 號
www.tmoh.com.tw/　MAP P156 B-3

●誠品書店 中友百貨支店
台中市北區三民路三段 161 號
台中中友百貨 C 棟 10F
www.eslite.com/（総合オフィシャルページ）
MAP P156 B-4

●公益路
MAP P156 B-3

[台北]

●台北文創大樓（松山台北文創ビル）
台北市信義區菸廠路 88 號
www.songshanculturalpark.org/
MAP P154 C-4

●京華城
台北市 105 松山區八德路四段 138 號
web01.livingmall.com.tw/　MAP P154 B-4

●台北市立美術館
台北市中山北路三段 181 號
www.tfam.museum/　MAP P155 A-2

●台湾桃園国際空港
MAP P152 A-4

●高鉄 桃園駅
MAP P152 A-4

美術好きならずとも訪れたい

アートスポットはまさに旬！

台湾は文化クリエイティブ産業の推進を国策のひとつに掲げ、文化的事業の後押しを行っている最中にある。

台北都心部の２カ所の文化複合施設はその大きな成果。『華山《ファシャン》１９１４文化創意産業園區』は元酒造工場、『松山《ソンシャン》文創園區』は元タバコ工場の広大な敷地を、過去の痕跡を残しつつクリエイティブな空間に再生し、台湾ゆかりの高感度なショップや展示場の並ぶアート発信基地に仕立て上げた。台中や台南など各地に相応した場所が造られている。こういった動きは、日本よりずっと先へ行っていてうらやましい。

台湾ではこの追い風に乗って、都市部を中心に、アートを生み出す機運が様々な形で芽生えているように感じる。前に紹介した現代建築の増加もそのひとつに数えられるだろうし、時代に即した若々しい作品をそろえた美術館やギャラリーも揃っている。

論より証拠、個人的にぐっときたおすすめスポットを挙げていこう。ちなみに公立の施設だと日本同様、月曜休館のところも多い。

◉文化クリエイティブ産業の推進
台湾の省庁のひとつ、文化部が主体となり、台湾をアジア・太平洋地域における文化クリエイティブ産業のハブセンターとする広大な計画に基づいている。

【台北】スケールの大きいアートスポットが目につく

【台北市立美術館《タイペイシーリーメイシューグアン》】

台湾を代表する現代アート作品約４０００点を収蔵。作者の名は知らねども、完成度の高い作品群は、確固たる存在と安定感をもって見る者を魅了する。落ち着きのある開放的な雰囲気も素晴らしい。竹橋の東京国立近代美術館が好きならハマること請け合い。地下のカフェテリアも味はともかくくつろげる。優れた企画展も多く組まれていて、これで入場料大人30元（約１２０円）とは。申し訳ないくらいの安さ。

【台灣設計館《タイワンシェジーグウワン》】

松山文創園區にある台湾初のデザイン美術館。環境、ＩＴなど様々な世界各地の優秀デザイン作品を収集展示。台湾のデザイン史を概観できる台湾エリア、タバコ工場だった痕跡をまんま残した室内も興味深い。

【寶藏巌國際芸術村《バオツアンイエングオジーユンシュツオン》】

ＭＲＴ公館駅から徒歩約15分、お寺の先にある美の隠れ里。小さな丘全体がまるごと芸術村を形成している。入り組んだ路地に並ぶ古民家にアーティストたちが暮らし、自作の小物を販売したり、作品が展示してあったり。作品と日常の境が曖昧で、現代アートの迷宮を彷徨うことになる。丘の中腹から見下ろせる川の風景も心地よい。都

市場とアートが同居する忠信市場は穏やかにカオス。

作品と建物との境の曖昧さが不思議な世界へ誘う藝術村。

かわいいキャラが目印の台灣設計館。中身は硬派。

林百貨の隣に従うようにつつましく並ぶ『DOU Maison』。

心部でこんなのどかな場所があるとは驚き。感じのよいカフェと宿も用意されている。

【台中】コンパクトにまとまっているので見てまわりやすい

【國立台灣美術館《グォリィタイワンメイシューグァン》】

緑道の南端にある、アジア屈指の広さを誇る現代アートの国立美術館。地下1階にデジタルアート専用の展示施設、数位芸術方舟《シュウェイユンシューファンヂジュウ》も有し、気合い十分。国内外の若手作家の作品が目立ち、企画展にも意欲的。しかも入場無料。ミュージアムショップも充実している。

【Zspace】

國立台灣美術館前の大通り、五權西路をはさんだ向かいに『平安《ピンアン》』という白い外装のおしゃれパン屋さんがある。その店の脇の薄暗い筋を恐る恐る入った先がアーケード型の古い忠信市場で、週後半になると古い家屋を使ったアート感覚の雑貨、喫茶、ギャラリーが店開きする、秘密のワンダーランドと化す。『Zspace』は、古民家をまるごとギャラリーにしたスポット。建物自体がアートみたいなもので、上階から周囲を見回せたり、台湾の民家の間取りがうかがえたりするのも興味深い。週前半、月曜日から水曜日まで休みなので注意。

國立台灣美術館は地元男女のデートスポットでもある、ふふ。

【勤美術館《チンメイシューグァン》】

國立台灣美術館の裏手の緑道を北上、オシャレな商業施設、『勤美誠品緑園道』の裏手に位置するかわいらしい庭園美術館。庭に点在する11軒の小屋型の展示室を中心に、様々な立体作品が並ぶ。隣接する雑貨店、『生活起物《シャンフォチーウー》』（86ページ）もアート好きなら一見の価値あり。14時オープン。

【台南】 規模は小さいが味のあるギャラリーがちらほら 環境の活かし方が巧み

【海安路装置藝術街《ハイアンルージュアンジーイーシュジェ》と『兩倆《リャンリャア》』】

アーティストが多く暮らしているという神農街《シェンノンジェ》前の大通りが海安路装置藝術街。このあたりを海安街道美術館としてアート・ストリートにする計画があり、壁面を使った作品や小ギャラリーが散見できるが、オレ様目線で申し上げると現時点では拙いと思う。

むしろその先、信義街《シンイージェ》にある『兩倆』を推したい。民家をざっくり改修したギャラリーで、従来の間取りそのままに壁、天井まで真っ白に塗り込めた1階が展示スペース。入ってすぐの階段を上がると、2階が照明を抑えたアート感漂う居心地のいいカフェ

『兩倆』は14時からの営業で、外から中が見えなかったりと、何かと敷居が高いが、アート空間のような2階カフェでのひとときは格別。

[台北]

●華山 1914 文化創意產業園區
台北市中正區八德路一段1號
www.huashan1914.com/ MAP P155 C-2

●台北市立美術館
MAP P155 A-2

●台湾設計館
台北市信義區光復南路 133 號（松山文創園区）
www.tdm.org.tw/ MAP P154 C-4

●寶蔵巌國際芸術村
台北市汀州路三段 230 巷 14 弄 2 號
www.artistvillage.org/ MAP P153 D-1

になっている。無愛想で入りにくい入り口をはじめ、ちょっと突き放した雰囲気が魅力。

[B.B.ART]

大箱の現代アートギャラリー。くすんだ水色の壁面とピンクの扉の入り口からして印象的。古い建物をリノベーションしたモダンな室内は、中庭のある贅沢な造り。この場所に合わせて制作設置された作品も幾つかあり、空間全体が作品と化している。3階建て、2階にはカフェスペース。欧米系の来訪者もよく見かける。あちらでも有名なのかな。

[DOU Maison]

こちらもリノベ物件。銀行として使われていた戦前に遡る建物を全面改装、2015年開店したばかりの商業ビル。4階が現代アートのギャラリーになっている。台湾人デザイナーのファッションブランド『DOUCHANGLEE』の経営とあって、店内の造り込みも見事。併せて一見の価値がある。林百貨のお隣なので、並んでちょっとした街並み博物館である。

[台南]

●海安路藝術街
海安路二段と民權路三段の交差点近くの通り沿い
MAP P157 B・C-1

●兩倆
台南市中西區信義街 100 號
www.facebook.com/2liang/timeline
MAP P157 B-1

● B.B.ART
台南市民權路二段 48 號
www.facebook.com/BBART.Tainan
MAP P157 C-2

● DOU Maison
台南市中西區中正路 33 號
www.facebook.com/DOUMAISON
MAP P157 C-1

[台中]

●國立台灣美術館
台中市西區五權西路一段 2 號
www.ntmofa.gov.tw/ MAP P156 B-3

● Zspace
台中市西區五權西路一段 71 巷 3 弄 2 號
www.facebook.com/pages/Zspace/322971171054
MAP P156 C-3

●勤美術館
台中市中港路一段 257 之 2 號
MAP P156 B-3

Column 1

台灣小常識再加碼

台北・台中・台南 早朝ランニング

本書の担当編集者S垣（やはり台湾好き）のご主人Y本氏は、マラソンを人生の友としている。ランニング歴10年以上、ホノルルも2回出場。出勤前の早朝マラソンを日課とし、よほど天候が悪くない限り、朝5時から2時間ほど走りに出かける。

その姿勢は、台湾に行こうと変わらない。以前、台北・台中に宿泊したときも走ったそうだし、我々に同行して台南に宿泊した際も日課は欠かさなかった。氏はたくまざるして台湾３都市を、早朝マラソンで走破したことになる。台北・台中・台南の路面は、走ってみるとどのような違いがあるのだろう。帰国後、ビールと台湾料理でおびき寄せ、氏から話をうかがってみた。

●台南：中心部から安平の海辺まで往復約19km。路面はややバンピー（でこぼこ）だが朝は車通りも少なく普通に走れる。風が気持ちいい台南運河沿いがオススメ。

●台中：國立台灣美術館～國立自然科学博物館の緑道沿いに約10km。緑道は歩行者専用だから走りやすいが、歩道と道路で段差がはげしく、がくんとくるので注意。

●台北：松山空港前の敦化北路～松江路の間をうろうろ約11km。3つの都市の中では一番道路が整備されていて走りやすかった。

なるほど。台湾の道の状態はけっこうムラがありそうだ。マラソンしなくても、実用本意の歩きやすい靴で行くのにこしたことはない。

第2章

大人世代の台湾グルメ歩き

だから1日5食もイケる⁉

小吃、ステキなコバラ満たしの世界

我が国では、台湾美食＝小籠包のごとき世論が形成されておるようですが、これいかがなものか。確かに小籠包は、日本で食べるより値段も手頃だし、味もイケる場合が多い。小吃《シャオチー》＝軽食の部類に入り、軽くさらっと平らげられるのもいい。

外食率の高い台湾において、小吃は生活の一部。ぶっかけ挽き肉メシの「魯肉飯《ルーローハン》」、ソーメン汁「麵線《ミエンセン》」、台湾近海産小粒のカキのオムレツ「蚵仔煎《オアジェン》」、台湾タケノコのサラダ「涼筍沙拉《リャンスンシャラー》」等々、種類と店を挙げていくだけで専門ガイドが余裕で1冊できあがってしまう。小籠包はその中の、さほど突出してもいない一品にすぎないのだ。その他諸々の小吃も食べ歩かなければ、台湾美食の木を見て森を見ずである。台湾の食神のお導きで、おおこれは！　と発見のあった小吃を列挙していきたい。

【蔥油餅《ツォンヨウビン》】

『舊漫窯烤蔥油餅《ジウマンヤオカオツォンヨウビン》』は寶藏巌國際芸術村に行ったときに出会ったテイクアウト店。「蔥

◉小籠包
小籠包の味に欠かせないのは薬味に添えるショウガだと思う。台湾産のショウガはまろやかで、和モノより辛さも控えめなので断然相性がいい。

◉涼筍沙拉
タケノコ水煮のマヨネーズがけ。台湾のタケノコは、ほんのりコーンのような独特の甘みがあって食べるとやみつきになる。台中、台南あたりでは1年中出回っている。また、添えのマヨネーズが独特で、トーストにクリーム代わりに使えるレベルに甘い。マヨネーズとは別物と考えたほうが混乱しない。

『世運食品』の香菇油飯。一緒に売っている甘い茶は好みが分かれるとこ。

市場に小吃は付き物。台南永樂市場脇の飲食街もハシゴしたくなる。

有名チェーン『鬍鬚張』の汁だく魯肉飯。お椀サイズで手ごろ。

油餅（ネギ入りの薄焼き餅）は小吃の定番だが、ここは薪を使った窯焼き。ぱりぱりむちっとした皮の食感と、香ばしいネギの織りなす味わいが絶品。

【香菇油飯《シャングゥユウファン》】

台北駅地下1階、高鉄改札近くの食べ物土産コーナー入り口にある『世運食品《シーユンシーピン》』のお持ち帰り用「香菇油飯」＝シイタケおこわも、素朴な美味しさがあなどれない隠れた名物。こってりした駅弁より具合よく、乗車直前にしばしば買い出しに走る。

【牛肉湯《ニュウロウタン》】

台南の朝ごはんの定番。店が方々にあるのでいずれか利用すればいい。要するに牛肉入りすまし汁で、最初、朝から牛肉ですと？　といぶかったが、目がうるむほどまろやかで優しい味わいで即座に虜に。密かに台南コンソメ様と呼んで敬い、愛好している。

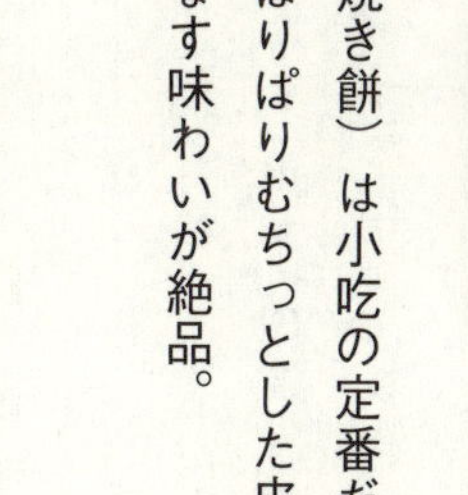

◉専門ガイド

小吃を食べ方付きで丁寧に紹介した『台湾行ったらこれ食べよう！』（誠文堂新光社）は、実用性も高くておすすめ。

◉コバラ満たし

とはいえ台湾風トンカツをのせた排骨飯みたいなガッツリ系も。昭和喫茶風な『東一排骨總店』なんかいいぞいいぞ。

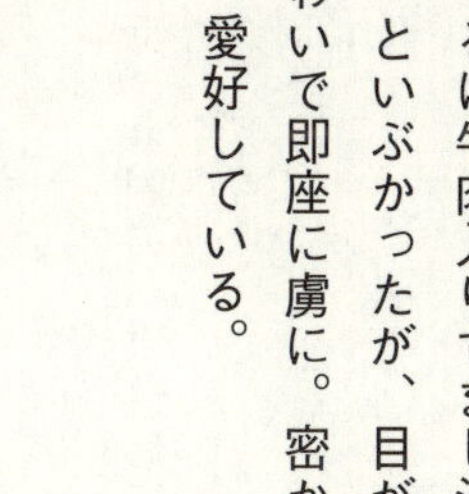

台南『度小月』の超有名な担仔麺。
スープと麺のバランスがさすが。

包みからウマそうな台中『洪瑞珍』
の三明治。日持ちしないので注意。

これぞ台南コンソメの牛肉湯。別売
のライスともまたよく合う。

【三明治《サンミンチィ》】

台鉄台中駅から徒歩10分圏の『洪瑞珍三明治《ホンルイチェンサンミンチィ》』。三明治＝サンドイッチの老舗にして名店だ。同名の店が台北でチェーン展開しているが別系列だそうで、台中の方は1店舗のみ。イタズラ半分に招牌《ジャオパイ》（80ページ）を食べ比べたら、どちらも食パン4層、3つの隙間に薄焼き玉子↓ハム↓薄焼き玉子が挟まれ見た目は同じで、ひとまとめにはむっと食らいつく。お味は、台北の方がひとつひとつの具が厚めで少々しつこい。悪くはないけど町の昔ながらの美味サンド。一方、台中は、やや薄い具とパンのバランスが計算されていて程よく、頬張ると要素がまとまっており絶妙。包装紙もかわいいし台中の方に軍配を上げたいが、せっかくだから両方食べろ。

【水餃《シュイジャオ》】

水餃子のこと。具、皮の具合、スープに浮かばせたりバリエーション豊か。地元御用達の『餃子楽《ジャオズーラ》』は、オシャレな内装で女子ウケもいいはず。味はも

●担仔麺
台南発祥、エビとそぼろ肉を散らした、さっぱり味の汁ソバ。ダシはエビでとっている。老舗の『度小月担仔麺』が有名だが、『赤崁擔仔麺』の方が雰囲気いいし、味もそれほど差はないよ。

［台北］

●餃子楽
台北市復興南路一段 263 號　MAP P154 C-3

●東一排骨總店
台北市延平南路 61 號 2F　MAP P155 C-1

●舊漫窯烤蔥油餅
台北市中正區汀洲路 3 段 305 號　MAP P153 D-1

台南『上海華都小吃點心城』。入り口脇で黙々と小籠包が作られていく。

もちもち皮がたまらんキャベツの水餃子。『餃子楽』はバリエーション豊富。

『餃子樂』の雰囲気はさながらギョーザ・カフェ。日本にもできそう。

ちろん本格派で全て自家製。溶き卵のトマトスープに餃子を浮かべた「番茄蛋花湯餃《ファンチエダンファタンジャオ》」なども酸味がマッチしていて、餃子のウマさを再発見。

【小籠包】

小籠包も1軒ぐらい紹介しておこう。台南の老舗『上海華都小吃點心城《シャンハイドオシャオチィディエンシンチャン》』は、ふらっと立ち寄れる気安さがいい。小ぶりな小籠包は安定のウマさ。特筆すべきは注文してから出てくる早さで、ファストフード店以上の光速。セイロには松葉を敷きしめ、香りづけしている（あまりわからないけど）。

小吃は、短い旅行であれこれ食べ歩くにはおあつらえ向き。台南発祥の担仔麺《タンザアイメン》など汁ソバなのに丼が茶わんサイズで、間違ってお子様用でも出されたかと勘ぐってしまう。ケチっているのではなく、まさに小腹を満たすための料理なのだ。それゆえ少量ずつの食べ歩きが無理なくできる。1日3食という習慣の縛りをはずせさえすれば、そこそこの軒数がまわれるのである。

［台南］

●**阿村牛肉湯第二**
台南市國華街3段128號
MAP P157 C-1

●**度小月**
台南市中正路16號
MAP P157 C-2

●**赤崁擔仔麵**
台南市民族路二段180號
www.chikan.com.tw/
MAP P157 C-2

●**上海華都小吃點心城**
台南市民權路二段28號
MAP P157 C-2

［台中］

●**洪瑞珍**
台中市中區中山路125-2號
www.22268127.com/
MAP P156 C-4

長居してゆっくり食べたいときは

ゆったり&使える飲食店探し

夜市の屋台や、小さな路面店を巡って小吃に舌鼓を打ち、台湾来たね南国だねああ幸せねとか感慨にふけるのは楽しいけれど、毎晩続くとなるとどうだろう。我々夫婦のような白髪交じりのお年頃になってくると、もう少しゆっくり長居できる店でも食事したくなってくる。語学を習うようになって選べる店の幅は多少広がったものの、これが意外と難問なのだ。

観光ツアー御用達の有名台湾料理店はとりあえずパス。ホテル系高級中華は高いし、現地色が薄くて微妙。台湾人は鍋モノが大好きで、「薑母鴨《ジャンムーヤー》」、「石頭火鍋《シートウフォグォ》」、「羊肉爐《ヤンロウルウ》」などの台湾独自の鍋を筆頭に、様々な鍋が食されている。しかし南国で鍋はなかなか気分がのらない……等々、しっくりくる店がなかなか見つからない。わがままなだけという正論は、この際却下する。

ことに台北での店探しは、軒数が多い分かえって難しく、「台北　食記」でキー

◉薑母鴨・石頭火鍋・羊肉爐
薑母鴨：ショウガがポイントのガチョウ鍋。冬の限定品。
石頭火鍋：特製石鍋に胡麻油を敷いてまず焼き肉、肉のエキスたっぷりとなった鍋にスープを注ぎ鍋料理を楽しむ、二度美味しい鍋。
羊肉爐：南部の名物で薬膳風スープでいただく羊肉の鍋（ただし台湾では「羊肉」の表記はヤギ、ヒツジがごっちゃになっていて、ヤギである率の方が高い）。いずれもクセモノぞろいの美味。

ワード検索かけたりしつつ、勘が頼りの手探り状態が続いている。

それで出合えた『養心茶楼《ヤンシンチャーロウ》』は、けっこうアタリの1軒だ。MRT松江南京駅8番出口のビル2階にある素食（62ページ）の高級店で、1階がパン屋、奥の階段の先が店、という立地が秘密めいている。上品な大食堂風なフロアで供されるのは、キノコを使った海鮮風の揚げ物や炒め物、滋味に富んだごぼう飯等、肉類皆無とは信じられぬ満足の品々。見た目も上品な味つけも実にいい。素食の店は『蓮香齋《リェンシャンツァイ》』もイケるが、バイキング形式は長居しにくいので、もっぱらランチタイムに利用。


一方、軽く肉をついばむなら、店構えに惹かれて入った『樂朋小館《ラァボンシャオグァン》BISTORO LE PONT』が、思わぬアタリ物件だった。観光客の多い永康街などに近い東門駅のずっと南奥にある物静かな筋にある。店構えは外観といい、照明を抑えたシックな内装といい、どう見たってビストロ。それでいて供する料理は、台湾料理の定番のひとつ、ガチョウ料理ときている。これ知らないと絶対わかんないよ（笑）。

料理は蒸したガチョウ肉と、ガチョウ油をかけたご飯または麺が基本。それに鶏とタケノコのスープや、キュウリの漬物などを添えていただく。酒類はあえてビールを置かずワイン。意外と相性がよく食が進む。ここはどこ状態で楽しく寛げる店である。

台北を抜け出すと、地代が安いせいかハコの大きい料理店が増えてくる。軒数も台北ほど多くないので、選びやすくなる。値段も若干リーズナブル。

◉「台北 食記」
「食記」は食べ歩きブログのこと。個人の食記は、写真てんこもりなことが多く、素人ゆえに時々余計なものも写り込んでいたりして、見るだけで大いに店選びの参考になる。けっこう情報も早い。「台北」を他の地名に変えればそのまま応用できる。

◉選びやすくなる。

といっても、楽ってことはない。

『福楼』。オープンな雰囲気が台南らしいというか。表面をかるく炙った見事なカラスミは時価だが恐れることはない。

『樂朋小館』の伝統的ガチョウ料理。フランス料理のエッセンスを加味した美味しさを目指す。

地元の人々で大盛況の『養心茶楼』。この雰囲気が台湾だ。料理は見た目に応える味わい。

家族連れが目につく『十分粥道』。粥はこれで小サイズ、二人でも食べきれないほどのボリューム。10種類ある粥のほかにもメニュー豊富。酸っぱすぎず甘すぎずの締めのスモモの甘漬けが口をうまくまとめてくれる。

『西海岸活蝦之家』はロッジ風の外観そのままに中も陽気。どのテーブルでも鍋のエビを夢中で貪っている。

『無老鍋』の2種の薬膳鍋は、止めてというまでスープと基本の具材を追加してくれる。新しい中にも伝統を感じさせるシックな店内に深々と頭を下げる店員の接客ぶりなど演出もご馳走。

台中で夕飯をとるならまず、中心部を走る公益路という道を攻めることになる。ここはオオバコ飲食店の立ち並ぶ、台中屈指のグルメ激戦区。バブリーな建物をまわるだけでもおもしろいことはすでに紹介したとおりだ。凝った建物のわりには、焼き肉や鍋の店だったりと庶民派ばかりなので入りやすいし、夜遅くまで開いている一軒家の茶芸館、『無為草堂《ウーウェイツァオタン》』もあるから食後のお茶も味わえる。

そんな公益路でひときわスタイリッシュな店が『無老鍋《ウーラオグオ》』。台北に支店もあるが、台中発祥でここが本店。オリジナルの薬膳鍋がウリで、複雑濃厚な白湯スープと辛さほどほどの麻辣スープの2種両方を味わえる「鴛鴦鍋《ユエンヤングォ》」＝オシドリ鍋が人気。高麗人参やナツメとか、見るからに効きそうな素材がスープに見え隠れし、薬膳独特のクセが若干あるものの、さほどキツくはない。たとえようのない複雑な味である。これに豚、牛、羊の薄切りを好みで注文して加えるが、羊肉が一番相性がよかったように思える。最後に残ったスープがまた絶品。照明を絞って凝った内装やオリジナルの食器等、目にも美味しい。

一方、台中の中心部から車で約20分の立地にあるのが『十分粥道《シーフェンジョウダオ》』。家族連れが多い、完全地元向けの高級粥店。アワビなど惜しげもなく使っているが小サイズ（1〜3人向け）500元前後だから財布的には余裕。素材の持ち味を活かし、化学調味料を用いず、あっさり上品な味付け。晩餐として十分満足できる豪華粥をゆっくり味わえるとあって、出向く率が高い。

［台北］

●養心茶楼

台北市中山区松江路128號2F

MAP P155 B-2

●樂朋小館　BISTROLEPONT

台北市大安區潮州街176號

MAP P155 D-2

場所は変わって台南。この地方の料理は全体的に甘い味付けが多いが、

そんな中にあってカキンとくる辛さを求めるなら、タクシーを飛ばし郊外の『西海岸活蝦之家《シーハイアンフォシアヂーチャ》』へ。地元で評判のいい、胡椒蝦《フージャオシャー》の専門店である。

胡椒蝦とは山盛りの殻付きエビを大量の胡椒プラスアルファと共に壺焼きにした料理で、台北でも食べられるが、せっかくなら発祥の台南でいただきたい。できたて熱々の殻をむき、はふはふ頬張れば、濃厚な塩辛さをまとった、エビの身が口内に鮮烈に広がる。これをビールで流し込むシアワセといったらない。ビール好きなオヤジ&女子のキラーコンテンツである。白飯との相性も抜群で、地元民は隅に置かれたセルフサービスの大型炊飯器から黙々とおかわりしていく。

台南のもう1軒は『福楼《フウロウ》』。海鮮メインの台南料理を味わえる。モダン民宿の『毛屋』（127ページ）さんで教えてもらった、見た目はファミレス風だがその実、料理は種類豊富、素材も味付けも文句なしの美味しさ。

茶葉がアクセントのカキの揚げ物、カニ味噌ベースにカニ・エビ・アサリを具にした濃厚スープ、魚の蒸し物。さらに、水飴をかけた表面を氷水に漬け、ぱりっとさせて食す、名物の台湾風大学イモまでもが絶妙で、甘い物に興味のない酒好きどもまで争って完食したほどだ。今のところ、何を頼んでもハズれたためしがない。珍味のカラスミやボラのハラ（胃）、ビール、あれこれ注文して一人4000〜5000円。安心して大人食いできる。

［台南］

●西海岸活蝦之家
台南市北區中華北路二段160號
MAP P157 A-2

●福楼
台南市中西區永華路一段300號
www.fulou.com.tw/ （日本語HPあり）
MAP P157 C-1

［台中］

●無老鍋 本店
台中市南屯區公益路二段74號
www.wulao.com.tw
MAP P156 B-3

●十分粥道
台中市北屯區松竹路三段28號
www.veryporridge.url.tw/ MAP P156 A-4

台湾では約10人に1人がベジタリアン

台湾グルメの真髄、素敵な素食

「台湾行くからウマいもの教えて」という知人に、今のところ思い入れたっぷりに薦めるのが素食《スウシイ》である。我々夫婦は台湾を訪れるたび、これの専門店巡りをお楽しみのひとつに加えている。

素食とは、精進・ベジタリアン料理のこと。道教や仏教など宗教的理由から使える素材が制限された料理で、肉・魚の動物類、ネギ・ニンニク・ニラ・ラッキョウ・アサツキを使わない、さらに一部の人には牛乳や卵もダメと厳しい決まりがある。歴史は古く、中国全土で食されている素食だが、台湾はこれが最強に浸透・発達している。何せ約10人に1人がベジタリアン、世界上位ランクにくいこむベジタリアンぶりなんだからびっくりである。それゆえ、どんな田舎に行っても素食の店は存在するという。

街を散策するときも、「素食」の文字に注意して歩いてみると、舞台の背景みたいに溶けこんでいて、存在に気づくと本当に方々にあっておっと驚く。普通に店のメニューでも、素食の項目をけっこう目にする。スーパーや市場にも大豆肉など素食用の食材

が当たり前に並んでいる。

字面だけ見ると質素な食事みたいだが、大きな誤解。具が野菜の小籠包や餃子、大豆製の肉を用いた焼きそばなどが一般的で、見た目よくある中華料理である。さらに大きい専門店に行くと、和風・洋風も登場し、スイーツ類も完備してくる。

「でも所詮は精進・ベジタリアン料理。そんなもの堅苦しそうで、味もそれなりで、野郎には食い足りないっすよ」。オッサンなワタシにもそう思いこんでいた時期がありました。それが違うんだよなあ。お気に入りは各自の足で見つけていただくとして、参考までに使い勝手のいい、入門編的2軒の様子を、具体的に紹介しておこう。


台北の『蓮香齋《リエンシャンツァイ》』。その方面で知られるゴージャスな有名素食店である。最寄りにMRTの松山新店線・南京三民駅ができて行きやすくなった。2番出口すぐの、無愛想な茶色い大きいビルの1階奥が入り口。少々わかりにくいから注意すべし。

ビル突き当たりの高級感あふるる入り口を抜けると、瀟洒な螺旋階段の先の地下1階へと導かれる。待ち受けているのは、600席ほどがゆったり並ぶスタイリッシュな大空間。これが週末ともなると満席状態なんだからすごい。我々は平日でも大事を取って、事前に滞在中のホテルのフロントにお願いして予約してもらっている。店は基本的に日本語も英語も不可。でも、自助餐《ズウチュウツァン》＝バイキング形式なので、飛び込んでしまえばどうにかなる。

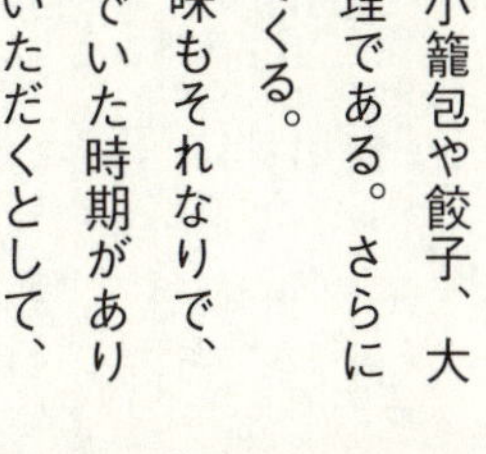

◉素食用の食材店

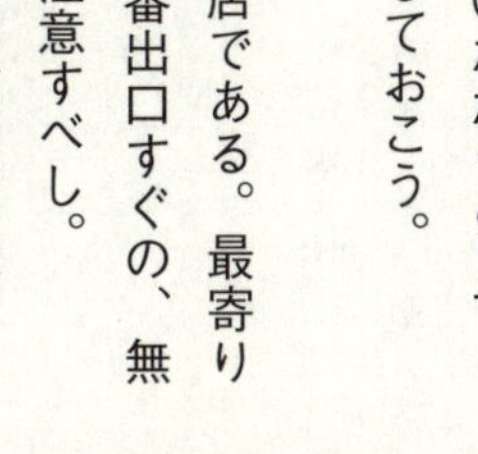

◉素食は食い足りない？
素食は、必ずしも健康志向の料理ではない。理由はともかく、制限された食材さえ使わなけりゃ、何作ってもいいんでしょ、というお気楽な姿勢のようである。こってりした料理も多い。安心した？

料理は中華風、洋風、和風、麺に飯に汁物各種、飲み物多数、スイーツもケーキ各種が揃っている充実ぶりで、美しく盛りつけられている。常時２００種類以上あるそうな。素材を巧みに用い、見た目もそれっぽく美しく仕上げてあって楽しい。味つけも濃すぎず薄すぎず、しかも多彩。肉無しに気づかないほど不満がない。

コンニャクの表面を色づけし、サーモンや赤身を模した刺身シリーズや巻き寿司は口にするとさすがにコンニャクしていたが、大豆の代用肉の揚げ物や炒め物各種は、味も食感も肉としか思えないレベルだし、キノコ類はイカやアワビに化けてシーフード感を醸し出す、といった次第。

さらに、直球勝負な野菜類も美味である。今のところ『蓮香齋』でしか見かけないのだが、葉物野菜各種を目の前で湯がき、タレを和えて食べるコーナーに個人的にハマっている。素材のよさも手伝い、かすかな苦みと豊かなコクのある野菜の旨味をダイレクトに味わえる。凝ったものもいいけど、こういうシンプルな素食もいい。ついおかわりに行ってしまうが、野菜なので食べ過ぎの罪悪感はない。

ツマの方は、スイーツコーナーに首ったけである。クリームケーキにチョコケーキ等々、御法度の乳製品を本当に使っていないのか、疑うほどのできばえである。おなじみハーゲンダッツ・アイスまで常備されているが、これとて素食用に調製した特製だから恐れ入る。

持ち帰りの素食を買い求める人々。台湾ではどこでも見られる日常の風景。

◉キノコ類
台湾は、日本よりも遥かに種類が多いキノコ大国。白キクラゲはデザートにも登場。

素食のイメージをひっくりかえす豪華な『蓮香齋』。右は野菜を湯がくコーナーの見事な葉モノの山。

こういった多彩なバイキングだから野郎でも、美味しく腹いっぱいになれる。しかも野菜中心で消化にいいので胃もたれせず、すぐにすっきりするのもありがたい。台湾に旅行すると、肉肉しいものを食べすぎがちなのでなおさらだ。日本における地味で禁欲的イメージをちゃぶ台返ししてくれること請け合い。快楽的な精進・ベジタリアン料理。それだけでもお試しの価値があると思う。

さらに特筆すべきはお客さんの雰囲気だ。夢中で料理を頬張りつつ辺りを見回せば、尼さんが目を輝かせてスイーツをテンコ盛りしてたり、老人から子供まで誰もが気兼ねなく好みの料理をよそい、舌鼓を打っている。

この和気あいあいとした風景は、決して一朝一夕にでき上がったわけではない。長い年月をかけて、食べ手と料理人が育て上げたもの。台湾の素食文化の豊かな成果といっていい。そんな風に思い至ったとき、感動すら覚える。

◉ご法度の乳製品

台湾素食には、乳製品も卵もすべてNGの人向けの「全素（チュアンスー）」のほか、乳製品はOKの「奶素（ナイスー）」、卵はOKの「蛋素（ダンスー）」もそれぞれ用意されている。スイーツも「蛋素」と「全素」を選べることが多い。我々は見境なく食べているけれど。

『明徳素食園』のバイキング。駅ナカでも種類豊富。つい多めに盛ってしまうが素食だからまあいいか。

お値段の方は、570~700元（曜日と昼夜で異なる）と高級素食店であるが、これだけの品数と質の料理が食べ放題で300円以内で食べられるんだから、高くはない。小じゃれた雰囲気を含めて、性別問わず素食入門にもってこいだ。初めて口にする料理は、最初になるたけ美味しい思いをしたほうが馴染みやすくなるものだしね。

もう1軒はよりお手軽で場所は台北駅。日本の東京駅に相応するここは、高い天井から日差しふりそそぐ巨大な中央ホールだけでも一見の価値がある。近年大リニューアルを行い、中央ホールの周囲に沿って2階が楽しいフードコートとなった。牛肉麵《ニュウロウメン》・点心など台湾定番の軽食から、咖哩《カレー》、寿司、ラーメン、焼き肉何でもござれ、目移りするほどだけど、ここでも素食は食べられる。

『明徳素食園《ミンダスウシイユエン》』は階段脇にある明るい店で、ここも自助餐方式。入り口で紙製のトレイを取り、トングを握りしめ、壁際にずらりと並ぶ素食各種を好みにまかせて取り集めていく。『蓮香齋』ほどではないが、中華をメインに洋食・和食系も見られ、ざっと50~60種類あまり。正体不明な料理も多いから、その

明るく間口が広いので初めてでも入りやすい。

辺は冒険しつつ適当に。

料理の先がレジで最後にお会計となる。料金はグラム単位。ライスをつけるか聞かれるのでどうするか答え（つけなくていいと思う）、飲み物がほしければカウンターの壁のメニュー表から追加して、代金を払えばおしまいだ。一食400～500円ぐらいか。食べ終えたトレイと箸類は奥の返却口に返す。ゴミはわりと細かく分別して捨てないといけないので注意。

味はまずまずといったところだが、駅構内とあって手軽に体験できる点がいい。台北駅は何かと通りかかる場所なので、そういった意味でも覚えておくと便利。ここも日本語NGだけど、場所柄お店の人がガイジンさん慣れしているので、臆さず突き進むべし。

台湾素食の世界。少しでも食指が動くようなら、ぜひ踏み込んで味ともども雰囲気を旅の土産にしてほしいと思うのである。

［台北］

●蓮香齋
台北市松山區南京東路五段 188 號
MAP P154 B-4

●明德素食園　台北駅店
www.minder.com.tw/
MAP P155 B-1

紹興酒はほぼ料理酒らしい

ビールがウマい台湾飲み事情

台湾の夜市を訪れた飲み助であれば、屋台でオツな小吃を買い求め、露店の席を確保して、あとはビールだけだぜぇ、と探しに出かけたものの見あたらず途方にくれた……なんて苛酷な経験をしていることと思う。夜市ではアルコール販売が基本的に禁止されているからだ。ただ、売られてはいないが、近所のコンビニとかで買って持ち込むのはオーケー。軽く飲んで楽しむ分には何の文句も言われない。

台湾では食事は食事、飲みは飲みと分けて楽しむのが昔からのスタイル。夜市など公共の場で飲み騒ぐのはマナー違反で、酔っ払いへの視線も厳しい（特に女性に対して）。飲むときは飲み屋に行くか、もっぱら自宅でわいわいやるんだとか。

そして紹興酒はあまり飲まない。

台湾人が飲むといえば圧倒的にビールで、あとはとにかく酔っ払いたいときに飲む「高粱酒《ガオリャンジゥ》」の2種が基本。紹興酒は料理酒の扱いで、食事中にあおっていたらまず外国

◉分けて楽しむ
あちらは18歳未満飲酒禁止でございます、念のため。

◉高粱酒
高粱（コーリャン：モロコシ［イネ科］）を使った度数の高い蒸留酒。別名「白酒（パイジゥ）」。台湾海峡に浮かぶ金門島名産の「金門高粱酒」が代表格。ようは焼酎で、ほんのり甘みがあり雑味もなくけっこうイケる。コンビニでも38度と58度の2種が当たり前に並んでいるので、いずれかの小瓶を買い求め、これまたコンビニの定番、味付け煮卵の「茶葉蛋（チャーイエダン）」あたりをつまみに、ホテルの自室で寝酒としゃれこむのも楽しい。

人確定。
その圧倒的に飲まれているビールの代表は、ラガータイプの『台湾啤酒《タイワンビージゥ》』だ。最近は、賞味期限18日でバツグンの鮮度を誇る『18天台灣生啤酒《イーシィバーティェンタイワンシャンビージゥ》』なども登場。マンゴーやパイナップルなどの果汁を加えたフルーツビールも好評である。

飲み助には物足りなさがつきまとう台湾だが、なんのなんの、最近は日本の居酒屋文化の流入などにより、食べながら飲むようになってきつつもあるという。庶民的な台湾式居酒屋も探せばあるし、安くて美味しい。

ことに台南の海安路《ハイアンルー》二段沿いの歩道に、夜になると登場する飲みゾーンがすばらしい。海安路装置藝術街と呼ばれるあたりを中心に、約700mにわたってオープンテラスのカフェ・居酒屋が並び、地元民がビール片手に深夜まで賑っている様は圧巻。混ざり込まずにはいられない、飲みのパラダイスである。

23時ごろの海安路飲みゾーンの盛況ぶり。藝術街だけにアートな装飾もちらほら。

◉『台湾啤酒』のフルーツビール

マンゴー、ブドウ、パイナップル、ピーチ、青梅、レモン、バナナ、リンゴ味と増殖中。果実の甘みが主張しすぎず、ほろにがいビールの味と調和していてなかなかイケる。

いかにも庶民のビアホールといった『金色三麦』、何を飲むか迷ったらお得な３種類のおためしセットを。

ちょい高級な『Gordon & Biersch』。スポーツ番組が放映され、本店のあるアメリカっぽいノリ。

道路に面したオープンな造りとソファ席で居心地抜群の『路德威手工啤酒餐廳』。

とはいえ台湾のビールは、南国によくあるあっさりサッパリ系で、水替わりにゴクゴクいける。言い換えればコクがないので、物足りなく感じることがあるのも確か。

そういった不満は、ビアハウスで溜飲を下げることができる。軒数はまだ少ないが、台北あたりをぶらつくと確実に増えている。輸入ビールを揃えただけのお手軽店もあるけど、自家醸造のクラフトビールを出す本格派もあって、しっかりうまいんだからなんとも心強い。代表的な店は、『Gordon Biersch』と『金色三麦《チンスーサンマイ》』。いずれも台湾数カ所に支店がある。

『Gordon Biersch』はアメリカ・カリフォルニアが本店（日本未上陸）とあって接客も英語OKで、店内も陽気なアメリカンのノリ。ラガー、ピルスナー、黒ビール等々6種類の自家醸造の生が味わえる。

一方の、『金色三麦』はドイツ風の店構えでスタンダードなラガーに、ダーク、まろやかな蜂蜜ビールなど定番3種と季節限定モノが楽しめる。サラリーマンやOLさんらしきお客さんも多く、地元民御用達の雰囲気もいい。日本だと『銀座ライオン』を少し重厚にしたような感じか。

さらには台中の『路徳威手工啤酒餐廳《ルウダウェイショウゴンジウツァンティン》』（136ページ）なんてお気に入りもできた。ここはチェーンではない穴場で、鮮度がよく、細やかでコクのある自家製ビールがぐびぐび味わえる。台湾ではビール三昧なのである。

［台中］

●路徳威手工啤酒餐廳
台中市公益路 36 號
rudwel.looker.tw/　MAP P156B-4

［台北］

● Gordon Biersch　台北敦北店
台北市松山區敦化北路 102 號 1 樓
www.gordonbiersch.com.tw　MAP P154 B-3

●金色三麦　台北誠品酒窖店
台北市信義區松高路 11 號（誠品書店内B 1）
www.lebledor.com.tw/　MAP P154 B-3

中国茶に紅茶、カフェも充実

茶とコーヒー、進化し続けるその動向

アルコール類に淡泊気味な台湾にあって、より発達しているのがノンアルコール飲料だ。日本ではかつての中国茶ブームにより、台湾行くなら茶芸館で本格台湾茶、という定式ができあがっている。心落ち着く優雅なひとときを味わえるが、二煎三煎とお湯を追加して飲み続けることになるからおなかはだぼだぼ。滞在中そう何度も飲みたくなるものでもない。よほどこだわりがなければ、スターバックスでまずまずのお茶も飲めるし、コンビニのペットボトルも当たり前のようにレベルが高い。それに、台湾では伝統的なお茶以外にも、お試しすべき飲み物はあれこれある。

台北に6店舗展開する『smith & hsu』は英国紅茶と中国茶、2つの茶文化を守備範囲に置き、現代茶館を掲げる店だ。約50種に及ぶ茶を提供しており、趣向を凝らしたブレンドやフルーツティー、花茶などもある。瓶詰めした茶葉サンプルをトレイで持ってくる演出も楽しく、食べ物も美味しい。なかでも衡陽店は2014年、

◉コンビニのお茶
バリエーション豊かに中国茶が並んでいる。それはいいんだけど、無糖と有糖が混ざっている。無糖とはっきり書いてないと、アレってことに。有糖の茶も慣れると悪くないんだけど、知らずに不意打ちくらうと目を白黒することになるので注意。

◉銀賞を受賞
台北村落之聲・2014老屋新生大獎銀獎。建築家が主催する、あちらの地元密着型の街歩き組織の賞らしい。

リノベーションに関して地元の賞を取った建物。古い壁面の一部を大胆に残し、直線で構成したシンプルで開放的な店内を見に行くだけでも価値がある。

最近日本にも上陸した『春水堂《チュンシュイタン》』は台中を発祥の地とし、パールミルクティーの祖といわれる老舗である。各種お茶を絶妙な配合のミルクで割った豊かな味わいと、底のタピオカがストローから口に到る食感も計算されたさすがの一杯。

だがここには他に、アレンジティーなるお茶のフルーツ割り、というステキな飲み物もメニューに控えている。ジャスミンティーに、レモン、パッションフルーツなど各種新鮮なフルーツジュースをミックスしたもので、果実の甘みと茶の苦みが組み合わさったさわやかな味は、飲んでみないとわからない斬新な美味しさだ。手軽に立ち飲みでいいのなら、いずれも街のテイクアウト店でも買える。

『smith&hsu 衡陽店』の店構え。奥行きのある店内は３層構造。

『雪可屋咖啡茶館』の古びた店構えに惹かれるようなら、ひとかどの喫茶店通。

◉『自信の一杯』
和訳ではなくて本当にこの名前。「の」の字に関しては34ページ。

お茶だけでなくコーヒーをめぐる状況もホットだ。年代物の建物をリノベーションしたセンスと居心地のいいコーヒーショップが、かなりの勢いで増えている。台湾の人は日本人に通じる細やかさを持っているので、ハンドドリップによる繊細な味わいのコーヒーに出会える率も高い。『保安捌肆《バオアンバースー》』は、台北の観光スポット・迪化街の北方、少し外れた静かな場所にあるカフェ。2013年にオープン、戦前の病院をリノベーションした天井の高い空間で、昔懐かしいサイフォン式で淹れたコーヒーをゆっくり味わえる。

同じくサイフォン式といえば、台南でも珍しいコーヒースタンドの店にも出くわした。『自信の一杯』といい、注文を受けてから丁寧に淹れたコーヒーは確かに美味だった。そこまでがんばって紙コップというおおらかさが、台湾らしくてなんとも。台南はほかに『兩倆《リャンリャア》』(48ページ)もよかった。

勢いのある新しめな店ばかり揃ってしまったけれど、昔ながらの店だってもちろんある。こちらでいうと東京大学に相当する台湾大学の学生街、公館《ゴングァン》にちょっとした喫茶店街がある。歩いているだけで心地のよい一角なのだが、そこにある『雪可屋咖啡茶館《シュエカーウーカーフェイチャグァン》』がとてもよかった。

佇まいから渋喫茶そのもの。古びた店内に年代物のジャズが流れ、さりげなく緊張感が漂っている。齢を重ねた老舗だけが出せるワザである。自家焙煎豆の販売にも力を注いでいて、一角に麻袋が積んである。ハウスコーヒーはミルク入りで、京

[台北]

●smith&hsu 衡陽店
台北市衡陽路35號
www.smithandhsu.com/　MAP P155 C-1

●保安捌肆
台北市保安街84號
www.facebook.com/Boan84　MAP P155 B-1

●雪可屋咖啡茶館 ShakeHouse
台北市大安區溫州街86號
blog.roodo.com/shakehouse　MAP P155 D-2

『自由葉』はボトルのセンスにやられた。品のある『春水堂』で味わうは柚子とトマトのアレンジティー。

都の老舗『イノダコーヒ』を彷彿とさせる。ツマが頼んだケニアAAのストレートは、爽やかな酸味が南国の初夏の暑さにマッチしていた。

おまけでテイクアウトのおすすめを。台北駅1階のお土産コーナーに、『自由葉《ズーヨウイェ》』という高級茶の店がある。ここが、趣味のいいペットボトルに詰めてアイスティー各種を販売している。ややや高めなのだけど、たしかに美味しい。高鉄に乗る前にどうぞだ。

台中の『無藏茗茶《ウーツァンミンチャー》』も、若いセンスで入りやすく、小さな店だが本格派。我々は、日本でいう富士山にあたる阿里山で採れた緑茶「高山緑茶《ガオシャンリュチャー》」のファンだ。カラフルな缶や、茶葉袋のクリップ留めも使い勝手がよく◎。親しい人へのお土産にもいい（21ページ）。

［台南］

●**自信の一杯**

台南市中西區金華路三段107號　MAP P157 C-1

［台中］

●**春水堂　春水堂創始店**

台中市西區四維街30號
chunshuitang.com.tw/　MAP P156 C-4

●**無藏茗茶**

台中市中興一巷10號2F
ja-jp.facebook.com/wu.tsang.tea
MAP P156C-3

定番ながらやっぱりはずせない

フルーツつながりで攻める台湾美食

「ハッ、台湾に何度も行っていてきちんとフルーツ食べてないんですかっ！」

と、我々に呆れたのはW老師《ラオシー》である。既に本書に何度も登場しているW老師は妙齢の才女で、ほっそりした外見とうらはらに量もいける美食好きの台北っ子である。巧みな日本語と同じくらい、地元台湾のうまうま事情に精通している。

「パイナップルだって全然違うんですからね」

従順な我ら生徒は一も二もなく頭を垂れ、ほどなくして台湾に渡ると、台北の雑踏でパイナップルを探し求めた。ギザギザ頭のパイナップルは、その気になれば街のあちこちでいやでも目についた。市場や方々にある果物屋、スーパーなどに積み重なっている。

市場と果物屋では、その場でカットしたものが手に入る。さっそく買って食べてみて驚いた。うーむ確かにうまい。見た目は日本と大差ないが、えぐみがなく、缶詰の

パイナップルぐらい甘みがあるのにしつこくない。食感も柔らかすぎず固すぎずで、芯まで食べられる。

ことに男子の場合、フルーツにはそう興味はないのが普通だと思う。オジサン男子のワタシも、フルーツなんざホテルの部屋に置いてある飾り程度の認識であった。

しかし台湾は南国、フルーツのパラダイスである。パイナップルの一件があってからさすがに考えを改め、ツマの付き合い程度だったマンゴーかき氷にも積極的に手を出すようになった。うーむ、くやしいけどうまい。

最近衝撃だったのは、台中の人気アイスクリーム店『宮原眼科《ゴンユアンヤンカー》』の芒果冰沙《マングオビンシャ》=マンゴーフラッペである（9ページ）。マンゴーかき氷の上をいくかも。

さらに『smith & hsu』で、遅い2度目の朝食にリンゴを挟んだビーフサンド（パンも含めて美味、10ページ）を頬張り、コンビニの棚で『台湾啤酒』のフルーツビールを眺めているうちに気がついた。台湾という南国は、熟れた食べ頃のフルーツ各種に囲まれて暮らしている。これだけ身近にあふれていたら、いろいろ活用してみたくなるのも当然ではなかろうか。

フルーツビールは、ビールの側面から見るとかなり邪道に見える。だが、身近にあるフルーツとビールを組み合わせてみたくなっても台湾ならそうおかしい話ではない。同じく、フルーツをお茶で割ってアレンジティー（73ページ）に仕立ててみるのも無理のない発想ではなかろうか。

◉マンゴーかき氷
日本にも台湾のかき氷が上陸しはじめたが、値段とボリュームがまるで違う。現地で食べるにこしたことはない。

◉ハミウリ
中国原産のメロンの一種。

◉ジュース
料理店でジュースを頼むと、ピッチャーでどんと出てくるのが定番。コップに小分けして飲むのだが、ひとりじゃ飲みきれない量。柚子やグレープフルーツなどさまざま。甘い紅茶の場合もあるが、普通の紅茶ではなく梅ジュースみたいな感じだった。

国内外のフルーツが並ぶ『ALien's&Fruits 朶』と、それを駆使した一杯。

台南・永樂市場の朝。食べごろを並べるおばはん。
こういった店が何軒もあってよりどりみどり。

街中には果物屋が多い。しかもテンコ盛りである。
深夜の露店。台湾人と果物の深い結びつきを感じる風景。

インドでは各種のスパイスが身近にあったからこそカレーが誕生した。台湾においては、各種フルーツが身近だから、フルーツを活用した独自な美味が自ずと発達する。土産の定番パイナップルケーキまた然りである。

フルーツつながりで台湾美食を食べ歩いてみるのも楽しそうではないか。

日本で同じレベルのフルーツを食べたら幾らぐらいかかるのか、考えたくもない。フルーツ三昧もまた台湾ならではの楽しみ方である。

そんなことに気づいたもんだから、近頃の台湾さんぽでは屋台でスイカジュースとか、モスバーガーのパイナップルソーダなど、フルーツ系の飲み物にばかり手を出している。

前回も、台北の非観光地をぶらついていて『ALien's & Fruits 朶《ドゥオ》』という店を見つけた。国内外の上質な果実を集め、攻めの新作ミックスジュースを供する面白い店だ。店内はカフェ風、皆目見当がつかず適当に選んだ「April 31」なるジュースは、後で調べたらハミウリ・トマト・ペパーミント・ラベンダーのミックス。味覚のいろんなところをくすぐられる一杯であったが、総じてオーソドックスな飲みやすいジュースであった。

夕食の席でもジュースを頼む現地の人が多いので お酒のかわりにマネしてみたり。何かしらひと味工夫されていて、料理にマッチするのはさすが食いしん坊の地、台湾である。

［台中］

●宮原眼科
台中市中区中山路20號
www.dawncake.com.tw/
MAP P156 C-4

［台北］

● ALien's & Fruits 朶
台北市大安區大安路二段70號
www.facebook.com/ALiensFruits
MAP P154 D-3

知っておくと心強い

食べ歩きにいい魔法の3単語

台湾の食べ歩き経験上、しばしば役立ってくれている単語3つを挙げたい。

【その1　古早味《グゥザォウェイ》＝昔ながらの味】

「昔ながらの味」という意味。これがついていれば、昔ながらの台湾の味を掲げていることになる。旅行者にはたまらないキーワードである。外の店看板で目にすることが多く、料理のテイストを知る簡単な目安になるはず。

【その2　招牌《ジャオパイ》＝看板】

台湾美食の大きなハードルのひとつがメニュー表記。観光客が多い店はともかく、地元民向けのうまそうな小店に入ったりすると、メニューや壁のお品書きはオール中国語。えーと、何頼んでいいのかわからない。そういうときは「招牌」という単語を探すべし。冒頭に招牌とつけば看板商品なわけで、具体的にどんな料理かわからなく

ても、これのついた品を指差し注文しておけば、大きな失敗はない。美味しかったら、手を握りしめ親指を上に突き出してみせれば、バッチリ！のサインになる。

【その3　打包《ダァバオ》＝持ち帰り】

調子に乗って注文しすぎて食べきれず、大皿に料理があまっている。そういうときには、「打包《ダァバオ》」という言葉を、紙に書くなりして使うべし。食べ残しを持ち帰るなんてみっともない、なんて感覚は台湾にはない。ごく当たり前の行為として定着していて、店の方から「打包嗎《ダァバオマ》？（お持ち帰りしますか？）」と訊かれることもある。打包は、飲食店であれば受けてくれるのが基本で、パッケージ料金も取られない。

例えば、台北のドイツ料理店で持ち帰った打包。専用の紙の箱に、きちんと区分けしてきれいに収まっていて、ホテルに持ち帰ると格好の夜食になってくれた。

鍋まで打包してくれる。台中の『無老鍋』（59ページ）ではコミュニケーションの行き違いで用意してくれてしまった。新しい追加スープに調理方法のメモまでつけてくれる丁寧さであるが、ホテルに戻って困りはてたのは言うまでもない。

また、格安航空会社を使った弾丸旅行を試した際、飛行機の都合で深夜に近い早朝にホテルを出たところ紙袋を渡された。開けると、お茶と林檎とホットドッグもどきにゆで卵が入っている。朝食の打包ということらしい。空港で苦笑した。

万事こんな調子。なので特に夕食を食べに飲食店に行くときは、あまった料理は打包、と覚えておくといい。労せずして夜食がゲットできる。

◉持ち帰る
ちなみに、普通のテイクアウトは「外帯（ワイタイ）」、店内で食べるのは「内用（ネイヨン）」。打包と外帯を混同しないようにね。

Column 2

台灣小常識再加碼

東京で味わえる本場に迫る台湾料理

東京限定で申し訳ないけど、いずれも取材済み、鉄板の本格派だよ。

●新大久保『台湾食堂 帆』 在留台湾人も通う台湾料理の老舗。漬物にいたるまで自家製で、熟練の腕が生み出す排骨飯は現地そのままの味わい。紅焼牛肉麵（醤油味の台湾風牛肉麵）も美味。

DATA 新宿区大久保1-15-18 みゆきビル1F ☎03・3205・6968

●新橋『台湾麵線』 台湾ソウルフードのひとつ、麵線（そうめん風細麵入り汁物）に惚れ込んだ、台湾を愛する日本人女性店主が奮起して開いた店。麵も器も現地屋台と同じものを使うこだわりよう。魯肉飯も美味。

DATA 港区新橋5-22-2 ☎03・6435・6032

●錦糸町〈It's Vegetable 苓々菜館〉 本格的な台湾素食の数々を、吟味した食材を用いつつリーズナブルに提供する穴場。ランチのバイキングも超お得。素食入門にももってこい。

DATA 墨田区錦糸4-1-9 ☎03・3625・1245

●神保町『SANKOUEN』 六本木にあった伝説的名店『東一』の流れをくむ石頭火鍋（56ページ）が食べられる中華料理店。仕込みの都合上、前日までに要予約。某専門店よりずっと安くいただける。

DATA 千代田区神田神保町1-5 ☎03・5280・1231

●千歳烏山『台湾チャイニーズ 天天厨房』 台湾人シェフが酒に合う本格台湾料理を提供、新スタイルを意欲的に追求。素材の持ち味を活かした繊細な料理を味わえる。こぢんまりした店なので要予約。

DATA 世田谷区粕谷4-18-7 ☎03・6754・6893

第3章

買い物好きの本気の台湾ショッピング

M－I－T（Made in TAIWAN）ははずせない

なが〜く愛せる台湾良品＆昨今雑貨事情

とにかく無類のモノ好き。プライベートはもとより、仕事で雑貨記事も手がけているが、下見や取材ですっかり惚れ込み、原稿料分すでに買い込んじゃった！ なことも。台湾でもそのこだわりは変わるわけがなく、ときに取材モードで、同じ傾向をもつツマと適時家族会議を開きつつ、雑貨を買い求めている。一応の選択基準は、

●M－I－Tモノにこだわり、確認してみる。
●チャライ思い出の品ではなく、しっかり使いこめる実用品であること。
●台湾＝安いという偏見を捨てる（イイモノはそれなりのお値段）。

どんなものがあるのか、参考までに紹介しようと見直してみたら、実用重視のせいか、地味めな品が多くて、見ただけじゃ何がいいのかわかってもらえそうにない。こだわりポイントを説明しつつ紹介していこう（写真は16〜21ページ）。

最初に登場願うのは、高級耳かき。台中の『勤美誠品緑園道《チンメイチェンピンリュユアンダオ》』で購入した、オ

◉M－I－T
Made in TAIWANの略。品質とセンスの向上をめざす台湾製品の総称。

◉台湾＝安い
衣類などはむしろ割高な場合もある。

リジナル竹工芸を扱う『大禾竹藝工坊《ダーファチュウイーゴンファン》』の品だ。こちらは箸や器などオーソドックスな竹製品の一方、竹製iPhoneケースやボールペンといった時代に応じ遊び心に富む品も手がけている。いずれも洗練された造形と品質が申し分ない。

件の耳かきも一見きゃしゃだが、その実なかなかタフ、しかも先端が耳に当たったとき、力が入りすぎないよう軽くしなって余分な力を逃がしてくれる。さじ部分もよく調整されていて、正に商品名通りの「耳悦」である。今までこんなに使いやすくて美しい耳かきには出合ったことがない。愛用しまくっている。

一緒に買った竹製小まな板は、チーズなどを盛って出すのにぴったりで、ツマのお気に入り。自分は竹トンボを併せて購入。ムダに高スペックなのがオモシロくて手を出した典型的な脱線買いなので、ま、参考までにということで。

ペットボトル用フックは、台中の生活雑貨『小北百貨《シャオベイバイフォ》』の成功店で見つけたスグレモノ。文字どおり、ボトルの飲み口の下に輪を通し、握り部分をぐいっと下ろせば、そこがフックとなり、バッグやベルトに引っかけて持ち運べるという便利グッズだ。旅行や夏の長歩きの時、ボトルをスムーズに扱えるのでけっこう役立つ。日本でも類似したアウトドア用品があるけれど、チェーンをつないだりイマイチ使いにくく、値段も高い。これなら55元（200円ちょっと）だものねえ。

ステンレス製レンゲは、台湾屋台ではおなじみの日常品。日本のそれより底が浅く大きめで、何かと重宝する。定番土産のひとつだが、ツマが、ツヤ消しとツヤあり（こっ

●脱線買い
ただし、あ、これカワイイとかなんとか言い合って脱線買いすることもあったりはする（100ページ）。

●『小北百貨』
台湾全土展開している生活雑貨店。24時間営業。台北だと『勝立生活百貨（シャンリーシャンバイフォ）』の方が目につくかも。扱う品の内容は一緒。

ちのほうが見た目が安っぽい）が混ざっているのに気づいた。二人で手分けして、ツヤ消しを厳選して購入。「このひと手間が大切なのよ」って、あんたもよくやるよ奥さん。

さらにセイロ専用の蒸し布もゲット。「丸形のってないのよね」とツマ。

ついでのおまけで買った合成樹脂製の皿は、これまた屋台や大衆料理店でよく目にするやつ。なぜか日本語で「おいしい」と入っている。サイズ多彩でけっこう使いやすく、自宅で台湾料理を作るときの雰囲気出しに利用。軽いので何枚か持ち帰り「何でもおいしくなる魔法の皿だよん」とか言って、お土産に押しつけている。

『生活起物《ションフォチーウー》』は、ＭＩＴにこだわるオシャレな雑貨店だ。台中の中心部、中興街の緑道沿いにある。似たコンセプトの店は台北などにもあるけれど、それぞれの品がわかりやすく配置され、じっくり検《あらた》めることができる。定期的に催事を開催して品を入れ替えるようなので、気に入ったら一期一会で即買いが原則。

たとえば、メモ帳。片手にもって横書きするとき、メモ正面が少し傾《かし》いでしまうもの。その傾ぐ角度を12度と断定して斜めに罫線が引かれたメモ帳が「12。Note」だ。

一方のツマがくいついたのは、三角形の革バッグ。見た目クセがあるが、肩掛け紐をはずせばクラッチになるし、薄いわりに収納性もよく使いやすいそうな。

台南に２０１４年に誕生した『林百貨《リンバイフォ》』は、戦前の日本人経営のデパートを商業施設にリノベした話題スポットとは前述のとおり（36ページ）だが、ＭＩＴに加え、レトロ趣味にこだわった雑貨や服が一堂に集まっている。フィット感のいいパナマ帽、台湾の万年筆メーカー『SKB』のレトロなスチール万年筆、台北に本店がある雑貨類も扱う。Tシャツや文具などの林百貨オリジナル商品も用意しており、ここ1店舗で、充実した買い出しができてしまう。

林百貨ロゴ入りのレトロなダボシャツは、戦前この地に住み着いた日本人が持ち込んだ品。デザインもなかなかで、さらっとした肌合いが蒸し暑い時期にもってこいだが、わずかに乳スケするのがオジサンでも少しだけ恥ずかしい。

地元の老舗はきもの店、『雙全昌鞋行《シュアンチェンチャンシエシン》』のビーチサンダルも扱う。底厚でしっかりした履き心地。各色あり、日本では見かけぬような配色が新鮮でサイズも豊富だ。

やはりMITにこだわる『彩虹來了《ツァイホンライラ》』という雑貨店が台南にある。シンプルなセンスは日本人も馴染みやすく、刺繍入りオリジナルTシャツのクオリティーは高い。ツマは番号入り、自分は近隣店をモチーフにしたというシリーズの「小満食堂《シャオマンシィタン》」仕様を着ている。袖裾まわりの細やかなステッチや、カッティング、質の良いコットンの肌触りなど、なかなかの着心地である。

台南では特にTシャツに注目したというわけではないが、激ウマの『福楼《フウロウ》』（58ページ）のスタッフTシャツも買ってしまった。飲食店がいい感じのTシャツを仕事着にしていると、買って着たおすのを趣味のひとつにしている。タフで長持ちしてくれることが多いからだ。値段も安い。福楼Tシャツはロゴもシンプル。Vネックのシルエッ

◉ダボシャツ
てき屋や職人などが着るような薄手の木綿製シャツ。ゆったりサイズ、限りなくインナーに近いアウター。

◉小満食堂
台南家庭料理を出す隠れ家的小料理店。このTシャツには袖にごはんの刺繍もついている。小満食堂に思い入れはないが、食いしん坊っぽい感じがよくて選んだ。

ぱっと見でスリッパを買った店は府中『新榮皮鞋』。この手の店は方々にある。

『生活起物』は、いつ来てもセンス良くセレクトされたＭＩＴモノでいっぱい。

『smith&hsu』の扱う茶器はシンプル＆現代的でオシャレ。持ち帰るのは重いけど。

トも感じよく、綿＋化繊の混紡により汗ばんでもすぐ乾くときて、暑い時期にはかなり重宝している。この品質で約１０００円なら文句ないです。

さらに、台南の有名史跡「赤崁楼《チーカンロウ》」の売店では、名所案内トランプなるものを、ツマが見つけてきた。よくあるおざなりな史跡名所かと思いきや、最新のカフェや雑貨、飲食店から民宿までずらりと網羅されていて、下手なガイドブックより参考になる。

欠点はトランプ仕立てにしてある分、読みづらいこと。さらに縦長でトランプとしても使いにくい。ツッコミどころ満載な一品である。

台湾の昔ながらの革スリッパもなかなかいい。裏側が硬めのゴム（?）張りなのが特徴で、石の床が多いあちらの民家で履くと、ぴたっと吸いつく感じがいいことを謝宅（１２４ページ）に泊まって気づいた。日本のフローリングでもまずまずの履

◉赤崁楼
17世紀にオランダ人によって建造、別名「紅毛楼」とも。台南大天后宮（媽祖廟）や、台湾関帝廟の総本山、祀典武廟も至近にある。

き心地。仕様が店ごと微妙に違っていて、我々が部屋履きしているのは台北の川向こう府中《フーチョン》の履物店で偶然目にして購入した。底としっかり縫い合わせたステッチのざっくり加減がワークしていてツボである。

靴といえば、台湾にはドイツの健康サンダルブランド『ビルケンシュトック』の店がとても多い。台湾の歩道は段差がはげしいので、軽めで機敏に動ける靴にこしたことはない。特製ソールが履き込むほどにフィットして、ますます歩きやすくなっていくビルケンシュトックが台湾歩きに適しているのは間違いない。

日本でもおなじみのブランドだが、台湾では日本未入荷の種類も並んでいて、しかも少し安い。「パサデナ」はコンフォートシューズタイプの定番のひとつだが、日本の店頭では見かけないオイルスキン仕様を即購入してしまった。オイルスキンはワークブーツなどに使われる素材で、汚れや雨を気にせずがつがつ歩けるし、台湾であればちょっとした高級料理店でも気兼ねなく入店できる。ツマはサンダルタイプを愛用。最近の台湾旅行は夫婦でビルケンシュトックばかり履いている。

親日家が多く、TVや雑誌を通して日本文化が入り込んでいる台湾では、雑貨店でも日本製品が好んで取りこまれている。『小器《シャオチー》生活道具』といった和雑貨店は独自の選択眼があり、日本ではあまり見かけない柄物や珍しい作家モノを扱っていて、オーナーの目利きぶりに唸る。だがオリジナル雑貨を生み出すセンスは、総

◉パサデナ

◉気兼ねなく
台湾では厳格なドレスコードというものはないので、どこへ行くにもラフな格好でぜんぜんかまわないのですけれど。

◉カワイすぎ
毒を含んだ子供の絵で知られる世界的アーティスト・奈良美智氏の影響は深刻。奈良さんには何の責任もないのだが、雑貨店をまわるとあのキャラクターを模倣した劣化版をしばしば見かける。やめてほしいです。

じてこれからの段階だなと思う。真鍮などを用いたどっしりした筆記用具を展開する「ystudio」、フラスコや人体解剖図などレトロな医療器具をセンスよく雑貨に持ち込んだ「東海醫院設計《ドンハイイーユエンシュアジィ》」など、気になるブランドは増えてはきている。であっても総じてデザインや絵柄が妙にカワイすぎたり、細部の詰めが甘かったりと、オジサン的物欲を激しく満足させてくれる品はあまり見当たらない。

そのあたりの台湾雑貨事情を、実際に1軒の雑貨店でちょっと訊いてみた。

台北の中山駅周辺はここ数年、北側の赤峰街《チーフォンジェ》を中心に雑貨店やカフェが集まり、女子向けオシャレゾーンとして賑わっている。このエリアが注目される前、2010年からある大人テイストの雑貨店が『61NOTE』である。

店主は大阪出身の東泰利さん。元来の雑貨好きを活かし、大通りから1本入った年

東さんの店は渋い建物1階にある。シンプルな店内に雑貨愛がいっぱい。カフェも兼営。

◉『61NOTE』

東さんは現在、ドイツ『REDECKER』のブラシ類、アメリカ『GIBSON HOLDERS』のディスプレイスタンド、イギリス『St.Eval Candle Co.』のテラコッタ入りロウソクの台湾総代理店として卸業に軸足を置いている。いずれも大阪時代から愛用していたが台湾になく、自分用に仕入れているついでに総代理店の権利を得たところ、ブラシが大ヒット。日本で愛用していた当たり前の定番品が台湾ではまだまだ買えない状態という。雑貨もインフラ整備が必要なのである。

［台北］

● 61 NOTE
台北市大同區南京西路 64 巷 10 弄 6 號
www.61note.com.tw/
MAP P155 B-2

代ものの建物1階と地階を現代風にシンプルに改装、日本の雑貨を扱う店を構えた。ロケーションからしていい感じである。開店当初、周辺には雑貨店などほぼなかった。というか雑貨店そのものが台湾に根付いていなかったそうで、南京西路の大通りを隔てた赤峰街の賑わいは、ここ2、3年のことだとか。

東さんによると、若い人が店をはじめたり、新しいものをつくろうという波のようなものはあるという。政府がクリエイティブ事業等に資金支援し、文化発信基地のようなところを幾つもつくり、仕事場としてクリエイターにかなり安い値段で貸している。ただ多くの作品は東さんから見ると、「日本など海外のモノを自分たちなりに解釈して、ちょっとだけアップデートしているような感じなんですけど」とのこと。その感じわかるなあ。

増える一方で消える店も多く、台北の中心部・東区あたりに勢いで雑貨・ファッション店を開くも、3ヵ月とか半年でなくなることも多いという。一方でモノに自信があれば、周囲に何もないような地代の安い場所で売る店もある。雑誌媒体などがモノや店舗を紹介する機会も日本ほど頻度が高くないので、どんどん増えているという新しい店は、自分の足と勘で探しまわるしかなさそうだ。その代わり、とんでもない逸品を掘り当てられる可能性もある。

そういう状況を知って面倒と思うか、わくわくするかが、雑貨好きかどうかの分かれ道。自分はかなりわくわくしている。アホだね。

[台南]

●彩虹來了
台南市中西區正興街 100 號
www.rainbowiscoming.com/
MAP P157 C-1

[台中]

●生活起物
台中市中港路一段 257 之 2 號
www.facebook.com/googoods.shop
MAP P156 B-3

あちこちにあるだけに、ここぞをじっくり

プラスアルファのあるわざわざ市場

いわゆる日常の買い出しも好きなものだから、生活と市場が密着している台湾の暮らしぶりが羨ましくてしかたない。旅行者ではフルーツぐらいしか買えないので、住んでたら何買うかな、とか妄想して、市場の精肉や野菜、フルーツが山積みになった屋台の間をぶらつき、時間が合えば小吃ゾーンで軽い朝食をとる。

台北なら、「東門市場《ドンメンシーチャン》」や「南門市場《ナンメンシーチャン》」、「晴光市場《チングァンシーチャン》」といった有名どころ以外にも、散策していると小規模な生鮮市場を見かけたりする。品揃えに大差はないから、雰囲気に浸りたいだけだと、市場ならどこでもええわいという気持ちになってこなくもない。

そこで、わざわざ行ってみてもいい、プラスαのある市場を経験から選んでみた。

台北近郊でのお気に入りは、府中駅前の「黄石市場《ファンシーシーチャン》」。台北市の川向こう新北市に位置し、台北駅からMRT板南線で6駅という近さなのに、このあたりに来ると、街の空気が急にゆったりしてくる。黄石市場はそのただ中にローカルな雰囲気漂わせ

◉市場
本章の市場は基本的には早朝から開くいわゆる市場。お昼近いと閉まる店もあるので注意。

第三市場のカツラ屋はモヘアを棒にひっかけているのが目印

林家花園は何げにエキセントリックでじわじわくる。

のんびり加減が黃石市場、一番の魅力。

広がっている。市場の規模、ゴッチャリ加減も魅力的。小吃類も評判で、感度の高い旅行者が目を輝かせて屋台を回っている。

ここにはもうひとつお楽しみがある。市場に隣接する「林家花園《リンチャファユエン》」だ。豪商・林氏一族の住居跡で国定古蹟。現在、入園は無料。手持ちの資料によると、台湾で唯一完全な形で残っている庭園で、1893年に造園。窓や柱のサイズにいたる全てに風水的設計が施されている点が珍しいという。そこそこの広さの中にチョウやコウモリを象《かたど》った壁の飾り窓、隠し通路など、一筋縄ではいかない造形が見え隠れ。自分のように普段庭園に興味がなくても、戯れてみる価値あり。

やはりプラスアルファの要素があって楽しかったのが台中の「第三市場《ディーサンシーチャン》」。台中では台鉄台中駅の表玄関、台灣大道（中正路）沿いの「第二市場《ディーアルシーチャン》」が美味屋台ゾーンとして知られ、朝から結構な混みようなのだが、第三市場は駅の反対側に位置し、現代アートスポット「台中文化創意産業園區《タイチョンウェンファチュアンイーチャンイエユエンチュ》」の脇に延びている。

◉手持ちの資料
『中国の庭、台湾の庭』（緒方賢一著・中国文庫）。こんな本まで日本で出版されるようになるとは。

◉第二市場
台鉄台中駅から徒歩約15分。余計な話だが、市場そばの興中街に駄菓子屋風な安い玩具の問屋があって、ここをのぞいてみるのも楽しい（100ページ）。

ここらで終点。戻って台中文化創意産業園區に寄ろうか。

観光客皆無、こてこての第三市場は散策には持ってこい。

食より衣料品が中心だが、天井を被うモール風ピラピラなど、こてこての地元風情がツボ。隣接の「台中文化創意産業園區」もまわるなら、入り口脇の『CAFE SOLÉ』のなかなかのコーヒーでひと息つける。

台南なら「水仙宮市場《シュイシェンゴンシーチャン》」だろうか。隣り合う「永樂《ヨンラァ》市場《シーチャン》」と「長樂市場《チャンラァシーチャン》」をまとめた総称で、小吃街もあり、有名だがハズせない。中奥突き当たりに水仙宮の祭壇があり、市場と完全に一体化している様（祭壇前で野菜を切り分けたりしている）が独特。

超級市場《チャオジーシーチャン》、スーパーマーケットなら、かつて日本に上陸したものの撤退してしまったことのあるフランス系大型スーパー『カルフール（家樂福）』が幅をきかせている。大規模な店が多く、動く歩道風の段差のないエスカレーターが特徴。品揃え豊富で、旅行者でも持ち帰れる品がいくつも見つかる。

ツマはこういったスーパーではソックスを探しに行く。スニーカー用の夏向きソックスの色や形が豊富で1足30元くらい。友人の台北人によると、台湾は

◉台中文化創意産業園區
広大な酒造工場跡地をリノベーションしたアート関連の展示場。

◉超級市場
略して「超市」。『家樂福』のほか、『頂越（ディンユエ）』と『松青（マツセイ）』といった地元スーパーが目につく。規模や品揃えは普通。なお、松山空港の徒歩十数分圏内に『松青超市・民有店』（台北市松山區民權東路三段140巷15號、154ページ）がある。覚えておくといいかも。http://www.sungching.com.tw/

［台北］

- ●黃石市場　MAP P153 D-1
- ●東門市場　MAP P155 C-2
- ●南門市場　MAP P155 C-2
- ●晴光市場　MAP P155 A-2

使うだけで台湾料理っぽい〝あの味〟になってくれる金蘭醤油。

外国メーカーの靴下製造を長年請け負っていたので、安くて高品質な靴下が作れるのかもねとのことだった。なるほど。

さらに帰りの荷物に余裕があれば、日々の食卓用に台湾調味料を買い整える。

「油葱酥《ヨウションツー》」はエシャロットを揚げてフレーク状にしたもの。インスタントラーメンやレトルト粥にふりかけたり、ごはんに胡麻油と一緒に和えるとコクが出て一気に台湾料理っぽくなる。

あるいは、「不辣豆板醤《ブーラードウバンジャン》」。辛さを抑えた甘辛い豆板醤で南方の岡山《ガンシャン》の特産物。あちらでは名物の羊肉爐《ヤンロウルウ》（130ページ）のタレに使われている。我が家ではしばしば、安いラム肉の細切れを炒めたものに付けて食している。ごはんがわしわし進む進む。

台湾料理の必需品、「金蘭醤油《ヂンランジャンヨウ》」はとろみのある甘い醤油で、オイスターソース的な存在。向こうで醤油といったらこれで、使って野菜炒めなどすると台湾ビールが欲しくなる。

現地市場で買い出しできない不満を、日々の料理で台湾調味料を使って埋め合わせ、せめてものウサ晴らしなのである。

[台南]

●永樂市場　MAP P157 B-1

[台中]

●第二市場　MAP P156 C-4

●第三市場　MAP P156 C-4

● CAFE SOLÉ 台中酒廠店

台中市南區復興路三段 362 號

www.sole.tw/　MAP P156 C-4

毎晩足裏マッサージのすすめ

台湾に行くまで、マッサージなんぞてんで興味がなかった。マッコみたいな顔付きで、あんなもの受けないとダメな体になったらあんたもう負けよ、ぐらいのこと言って、小太りの体をゆらしていたものである。

それが2度目か3度目かの台湾訪問時、ツマに一度付き合ってみな、とそそのかされ、その日は散歩がすぎてずいぶん疲れていたので、しぶしぶ付き合ってみたのが最初である。そして一発で陥落した。ごめんなさいっ、ナメてました。こんなに効くものだとはっ！

以来、台湾では毎日歩き回っては夕食後は足裏マッサージ、が基本になっている。

現地語で脚底按摩《ジャオディアンモォ》。店ごとに多少やり方が異なるが、基本的な流れは次のとおり。

1 両脚を膝まで素足になる（靴は預けてスリッパをはく場合が多い）

2 席に座って足湯

◉膝まで素足
店によっては着替えの短パンを用意してあるが、対応はまちまち。スソがめくりやすいゆったりめのボトムスで行くべし。

『十足健康』はビル１階の看板を見逃さぬこと。

店構えから明るく健康的な『千里行』は24時間営業。

3 足湯に浸かりながら肩・頭をマッサージ（これがまたしっかり効く！）
4 湯から足を出して拭いてもらう（大型店だとここでいったん移動することも）
5 リクライニングチェアで足を伸ばす
6 マッサージ（片足ずつ交互に、足裏→くるぶし→ふくらはぎ）

マッサージ店はたいがい、「全身指壓《チュアンシャンヂィヤア》（＝全身マッサージコース）もありますよ」と薦めてくるけど、風邪っぽいとか、よほど疲れていない限り、足裏マッサージコース60分（実際の時間はそれ以上）で十分だ。「不用《ブウヨン》」＝けっこうです、と断っていい。

よくいわれるように腳底按摩は、決して心地よいだけではない。足裏及びふくらはぎのツボをぐりぐりやられて悶絶する。日本人のサガでしょうか、慣れない頃はすまし顔で耐えていたのだが、今や顔をしかめ、派手に呻いて身をよじり、「痛《トン》！痛《トン》！」と叫ぶこともままある。

ところがそんなに痛い思いをして苦しみながらも、途中で爆睡してしまうのだ。ふと目覚めると終わっている。足腰だ

●痛！痛！（トン！トン！）
日本語の「痛い！」で十分通用します。マッサージ師さんも様子見て日本語で「イタイ？」と訊いてくるし。下手に現地語でいう必要なし。

けでなく全身が軽くなり、胃の調子もよくなるので、〆の一杯とかいってその後ビールをやりに行っちゃったりしている（本当はヨクない）。

台湾ではこの脚底按摩のおかげで、興味のおもむくまま心置きなく歩きまわることができる。帰国後もそれほど疲れず、むしろ旅行前より体調がいいこともある。足を触られることに抵抗がなければ、ぜひ体験すべし。

どんな店がいいのか。新しめで大きい店は勢いのある証。旅行ガイドの古びた情報にたよりすぎず、入り口を見て印象がよければ、自己責任で入ってみていいと思う。行ってみてよかったオススメの店を幾つか挙げる。いずれも2015年に訪問済みだが、マッサージ師さんとの相性とかもあるだろうから、あくまで目安ということでね。

ビミョウな日本趣味も楽しい『春不老足湯養生館』。

『鄧老師脚底按摩養生館・永華店』はゴージャス派。

テキパキ感が小気味いい『泡脚抓脚足体養生会館』。

◉どんな店がいいのか

確かな情報筋によると、女性だけで行く場合は念のため用心という意味からも明るい大型店を選ぶべき。また、足裏マッサージは痛くないのが原則で、日本人向けサービスで痛くしている可能性もあるとか。ええっ、そうなの!? 痛くないマッサージ店に巡り合ったことがないので今後の課題である。

［台北］

●千里行

台北市中山區南京東路二段62號

www.1000m.com.tw/　MAP P155 B-2

●十足健康

台北市仁愛路4段62號12樓之7

www.tenfoot.tw/　MAP P154 C-3

台北なら『千里行《チェンリーシン》』は、日本語ＯＫ、店内は明るく適度にオシャレ、一連の手順もわかりやすく、24時間営業。初めてでも使いやすいと思う。

新橋あたりにありそうなくたびれたビル12階の一室というロケーションにかかわらず、腕はトップクラスなのが、老舗の『十足健康《シーズウジャンカン》』。台湾に足裏マッサージを広めたという呉神父の直系だけあって、治療に近い効き具合だったが、応対に台湾らしいアバウトな所があるので、多少慣れがあったほうがいい。こちらも日本語ＯＫ。21時ごろ閉店なのが旅程によっては、少し使いにくいかも。

台中の『春不老足湯養生館《チュンブーラオズゥタンヤンシャングァン》』は、インテリアは和風温泉テイストなのに日本語は不可で苦笑。広くて居心地いい。今まで2度行ってみて腕がよかったので、我々の間ではまた行くことが家族会議で内定している。

台南だと『鄧老師脚底按摩養生館《ドンラオシージャオディアンモウヤンシャングァン》 永華店《ヨンファディエン》』。全国展開のチェーン店だが、なにゆえ永華店を推すかというと、すぐそばに『福楼《フウロウ》』（61ページ）があるから。食後そのままマッサージに直行できて便利なのだ。そんなこともあって何度か使っているが、足裏の押し加減が少しキビシイ気がする。ほかのマッサージ店も数軒並んでいるので、気分で選ぶべし。

ほか『泡脚抓脚足体養生会館《パオジャオヂュアジャオズーティヤンシャンフィグァン》』もおすすめ。謝宅（１２７ページ）さんの紹介で、そつなくプロフェッショナルな感じ。対応も丁寧だったし、ここも再訪は内定済みだ。

[台中]

●春不老足湯養生館

台中市西區台灣大道二段 157 號

footbath.looker.tw/　MAP P156 B-4

[台南]

●鄧老師脚底按摩養生館（永華店）

台南市中西區永華路一段 290 號

MAP P157 C-1

●泡脚抓脚足体養生会館

台南市夏林路 110 號

www.utopia-life.com.tw/foot_jp.htm　MAP P157 D-1

Column 3

台灣小常識再加碼

こだわりのくだらないグッズを求めて

竹トンボ（85ページ）や「おいしい」の皿（20、85ページ）あたりでも匂っておりましたが、ワタシ、折を見て、なるたけ無用そうなシロモノを土産に持ち帰るのも楽しみにしております。

過去の戦利品を紹介しますと、台中の國立自然科学博物館のミュージアムグッズショップがなかなか穴場でして、懐かしい科学教材などが手に入ります。ロウソクを立てその熱で動かす小さなブリキの水上ボートを購入。

同じく台中・第二市場の興中街には、駄菓子屋風の安おもちゃの問屋があり、懐かしい感じの玩具を心おもむくままに大人買い。揺すってカタカタ鳴らす木製玩具、引き金を引くとよろよろパンチを繰り出す銃とか諸々。

台北のデザイナーズ系の雑貨店では、手裏剣が刺さっているように見えるマグネットと、表面に「南無阿弥陀仏」の文字が連なっている、使うに困るテープ。あるいは大型スーパーの家樂福《カルフール》の隅に置かれたガチャポンで買った、わけのわからない不気味なゴム人形。

台湾は、こんなヘンなものに対するセンスもなかなかあなどれないのであります。

第4章

台湾旅のざっくり基本案内

コツ① 地理や気候　台湾到着までをまず

九州サイズのサツマイモ、と心得よ

【地形】そそり立つサツマイモ

日本の遥か南方、沖縄の先に位置する台湾は、形状からしばしば地瓜《ディグァ》、つまり「サツマイモ」にたとえられる。北を上にしてついと立つ、九州とほぼ同サイズの巨大サツマイモである。

島の中心を険しい山脈が縦につらぬき、一部山頂では雪だって降り積もる。都市は、昔から何かと交流のある中国大陸の対岸、西の平野部に集中。山をまたいだ東の太平洋側に出るのは今でも手間どるものの、そのおかげで豊かな自然が残っていて、風光明媚なリゾートをあちこちで形成している。

時差はマイナス1時間。エスカレーターは左側歩行。生水はアウト。基本的にトイレには紙を流してはいけない。

この本で紹介する3都市の位置は、サツマイモの西上方に〈台北〉。そこから真っ直ぐ降りた中ほどに、台湾第3の都市で散歩的穴場の〈台中〉。さらに下方に降りると台

◉サツマイモ
戦後の貧しい時期、主食として台湾の人々を支えた食材で、タフで悪環境にも耐える姿に自分たちを重ねているところもあるとか。粥に今でも芋が入っていたり、サツマイモの葉炒め（美味！）が飲食店の定番メニューにまぎれこんでいるのは貧しかった時代の名残だそうです。しみじみしちゃうね。

◉険しい山脈
サツマイモ中央部に5つの山脈を成す。烏龍茶や鉄道で有名な阿里山の阿里山山脈もそのひとつ。

湾人憧れの古都〈台南〉となる。

【気候】亜熱帯と熱帯　10月～5月をおすすめ！

北から3分の2が亜熱帯、残り3分の1は熱帯に属し、台北・台中は亜熱帯、台南は熱帯だ。南に下るほど南国風情が増し、こころなし時間の流れもゆったりしてくるように感じる。そのあたりの変化がまたおもろい。

南方の島だから、夏場はしっかり暑い。南北で数℃の温度差があるが、5月あたりから30℃を超えだす。もっとも近頃日本の夏もキツイので、暑くても大差は感じないかも。むしろ問題は頻繁に訪れる台風だ。直撃されると室内にこもるしかない。

冬場は涼しくて、北の台北だと年末年始頃で東京の11月ぐらいの気温に下がる。それはそれで風情があるし、過ごしやすくて快適。

個人的には台風を回避さえすれば何とか散歩できるので、10月～5月の旅行をお薦めしたい。ことに台湾の正月は旧正月なので、日本の正月期間に訪れると街は普段モード。ことさらのんびり息抜きできる。

なお台湾の天気予報は天候が変わりやすく、あまり役に立たない。現地の人はあきらめているとか。予報に振り回されず、臨機応変に前向きにいくべし。

【言葉と民族、宗教】中国語でなければやはり英語か

言語は公用語の中国語。次いで英語が幅をきかせている。都市部では中国語が通じ

●定番の飛行機
南方の高雄国際空港への直行便もありますが、台北と比べ本数も少ないので、今回は無視をきめこみます。

●豊かな自然
全土を3年かけて空撮した長編ドキュメンタリー映画で、あちらで大ヒットした『天空からの招待状（原題・看見台灣）』が日本でもDVD化されており、一見の価値あり。風景の美しさに息を呑みます。

●中国語
台湾で使われている中国語は、大陸の共産党が制定した標準中国語（普通語）に、福建省のなまり、客家語、日本語などが混ざり合った「國語（グォユィ）」。本書では便宜上、その國語を中国語と呼んでいる。

ないとまず英語で話しかけられる。親日的ではあるが、喧伝されているほど日本語をしゃべれる人とは出会わない。

暮らしているのは中華系が大半だが、台湾ならではのスタイルがある。見知っている限り、品位とモラルを重んじ、思いやりも深い方が多く、触れ合っているとほっこりする。個人的に台湾にハマった大きな要素のひとつだ。中華系以外には、ポリネシアン系の少数先住民族が16種族いて、今も各地で暮らしている。

信仰も自由。多勢を占める宗教は昔ながらの道教。道教は、日本の神道のようにたくさんの神様を敬うが、台湾で一番崇められているのは媽祖《マソ》という女神。航海中の安全を司り、海と切り離せない台湾の暮らしぶりがうかがわれる。恋愛関係なら縁結びの神様、月下老人《ユエシャラオレン》へご相談を。ちなみに、同性愛にも寛大なお国柄である。

念のため付け加えておくと、台湾を統治しているのは「中華民国」で民主主義です。歴史的・政治的事情に翻弄され、台湾を国として正式承認している国家はごくわずか。対岸の中国との微妙なバランスの上に成り立っているのはご存じのとおり。

【日本からのアクセス】「羽田〜松山入り」押しだが、選択肢は増!

東京から台湾への空路は、概して直行便で行き約4時間・帰り約3時間。直線コースで東京〜九州間のほぼ倍の距離。日本国外の飛行時間は実質半分で、やはり近い。以前の最短ルートは成田国際空港〜台北郊外の桃園《タオユエン》国際空港。台湾市内には、バスか車で1時間ほどかけて入るのがかったるかった。

●かったるかった
桃園国際空港と台北駅を最短35分で結ぶＭＲＴ（台湾メトロ）が、２０１６年以降に開通予定です。大いに期待。なお、台北駅から大きな荷物を抱えて乗り継ぐなら、東3番出口の先がタクシー乗り場です。

台湾最古の媽祖像といわれる鹿港の天后宮（ティエンホウゴン）で媽祖と共に敬われていた月下老人。

枝垂れる気根のガジュマルはあちこちで見られる。安平樹屋（台南）。

それが２０１０年、島内路線専用だった台北市内の松山《ソンシャン》空港と羽田を結ぶルートが開通。ぐんと利便性が増した。国際便の本数は少なめ、入国審査も空いている。しかも、空港を出れば目の前がＭＲＴ松山空港駅。街中にある博多の福岡空港や大阪の伊丹空港さながらの便利さで、国内旅行感覚で台湾に出入りできてしまう。

媽祖神の像もさまざま。これは極彩色！

先住民の銅像。芸術的センスに長け、出身の芸能人も多い。

◉成田～桃園ライン

旅費を極力抑えたいなら、成田～桃園を結ぶバニラエアをはじめとする各種格安航空便を使うことになります。試してみましたが、長時間ではないのでさほどストレスなし。食事時にインスタント麺（格安有料サービス）の匂いが充満するのと、深夜（早朝）帰国になるので、帰りの手段を確保することさえ心得ておけば悪くはない。

現地通貨への両替も到着直後、松山空港内の窓口で済ませるのがオススメ。日本国内よりレートがよく、タイミング的にもいい。

また、市内にある利点を活かして帰国する当日は早めに空港に行き、電子寄物櫃《ディンツジーウーグウィ》＝コインロッカーに荷物を預けてしまう手がある。こうしておけば、搭乗手続きの時間まで身軽に散策を楽しめる。

散歩的には、空港から徒歩10分圏内に、同潤会アパートが立ち並んでいた頃の代官山を彷彿とさせるレトロ感がたまらないオシャレスポット・富錦街《フウチンジェ》がある。街路樹の並ぶ道を散策がてら、『Woolloomooloo』『富錦街NO．108』等のおしゃれカフェでひと息つくこともできる。

松山空港内の施設も、開通当初に比べると洗練されてきた。土産飲食類もそれなりに充実。空港内で台湾らしい軽食をとるなら、1階にある《牛肉麵《ニュウロウミエン》》の有名チェーン店、『老董《ラオドン》』が。出国ゲート内の飲食コーナーで食べるよりオススメかも。旅行の締めにどうぞ。

●コインロッカーなど
松山空港1階国際線到着ロビーの到着ゲートを出た左前方と、そのすぐ隣、出発ロビーの「中華航空」と大きく記された壁面の脇にあり。操作盤で空きロッカーを選んでコイン投入、プリントアウトされた解除番号を受け取ります。詳細な操作方法は現場で格闘して学んでください。ロッカーがいっぱいだったり、荷物が入りきらない場合、宅急便カウンターがあるので、そこで一時預かりもしてくれます。

●富錦街
距離が長く、途中、分断されていて、メインストリートに当たる部分はもう少し先にあり、そちらへは松山空港から徒歩15～20分見当。行き着くまでの道筋がかなり味気ないので、我々の場合、片道はタクシーで行ってしまう。

●牛肉麵
煮込んだ牛肉がごろんと入った台湾風の汁ソバ。麺は太麺、スープは醤油ベースをよく目にするが、バリエーションがある。現地では大人気だが、日本でのウケはなぜかイマイチ。深夜、飲みのシメにもいいんですけどね。

コツ②台湾国内での交通・移動、こうしてます

メモ片手にタクシー三昧

台湾では、自分の足にくわえ、鉄道とタクシー移動に頼ることになる。

鉄道は、新幹線を運行する高鉄《ガオティエ》＝台湾高速鉄道と、在来線の台鉄《タイティエ》＝台湾鉄道、街中を走るMRT（都市鉄道、メトロ）の3種類。

高鉄＝長距離、台鉄＝中距離、MRT＝近距離用と大別して覚えておくといい。

【台湾高速鉄道（高鉄）】

日本との共同開発で完成した台湾版新幹線。見た目こそ違うものの、車内と乗り心地は日本の新幹線そっくり。異邦の地にいるのがわからなくなるほど（褒め言葉です）。全8駅、台北駅から南端の高雄に近い左営駅まで、最短100分ほどで台湾の南北をつなぐ。以前は特急でも4時間かかっていたから革命だ。開通は2007年。駅舎や制服も日本より個性的で一見の価値あり（110ページ）。台中、台南に行くのも高鉄利用でひとっ飛びが普通。

◉台湾版新幹線

車体はJR東海とJR西日本が開発した700系車両がベース。ちなみに現在、東海道・山陽新幹線においては、700系は主に「こだま」車両で運用中。

◉日本から予約可能

高鉄の日本語ウェブサイトで予約可能。パスポート番号を入力、クレジット決済で便利。発券は駅窓口で予約番号とパスポートを提示すればOK。チケットはカードタイプ。自動改札には矢印側を上にして通す。適度にハリがあるので、持ちかえってしおり代わりに使うのもいい。

【台湾鉄道（台鉄）】

全土に張り巡らされている在来線で基本的に公営。戦前の日本統治時代に日本がインフラ整備をし、今も年代物の駅舎が各所で大切に使われていたり、列車も種類豊富で、日本人の心にも郷愁を呼び起こす。高架線をひた走る高鉄と違い、窓越しに日常風景が流れ、生活感漂う車内も楽しい。台鉄に乗るとにわか鉄チャンになること必至。票《ピャオ》＝キップは自動券売機で簡単に購入可。すぐ使いこなせるので、なんとなく乗って近隣の駅を目的もなくぶらつくなんて散歩もできるようになる。ただし、特急などの車内は冷房ガンガンで冷蔵庫状態。羽織るものがないと凍りつくので注意。

【MRT】

Mass Rapid Transit の略で漢字表記は「捷運《ジエユイン》」、高架線部分もあるが要するにメトロ（地下鉄）だ。台北と高雄で運行しており、台中でも建設中。台北では「桃園国際機場線」も2016年以降に開通するし、台北散策でフル活用することになる。駅の自販機で悠遊卡《ヨウヨウカー》（141ページ）を買うとさらに便利。

2015年8月現在、台北MRTは5路線。平均5分程度の間隔で運行。一部中心部ではルートが入り組んでいて、ホームが立体交差しているが、東京メトロで鍛えている貴方なら楽勝さ。

ちなみに時刻表の信頼度は、かの台北っ子のW老師によると地元では、台鉄の遅れは元々そういうもんだと許される一方、高鉄とMRTはちょっとの遅れでも許されな

◉自動券売機（ボタン式）

1まず先に硬貨を適当に投入。

2「張」＝枚数のボタンで、購入枚数を決定。

3電車の種類を選択。自強（特急）、莒光（急行）、復興（準急）、區間（普通）のボタンから、近場なら「區間」を選ぶ。

4年齢ボタンを押す。全票（大人）、孩童（子供）、老障（老人）、成人去回（大人往復）、孩童去回（子供往復）。旅行者で大人なら「全票」。

5駅名ボタンから、行き先を押す。運賃不足だとボタンが光らない。

6キップが出てくる。お釣りがあれば一緒に受け取る。
＊タッチパネル式は後払い、それ以外の手順は同じ感じ。

いキビシサなんだとか。ビバ！　ダブル・スタンダード。

【タクシー】

現地表記で「計程車《ジーチャンチャー》」。安いし、徒歩・電車で行きにくい近距離エリアはこれに頼るしかない。黄色い車体が目印。初乗り70元で5元ずつアップ、23時～翌6時の夜間は20元追加。地方で少し料金のばらつきがあるらしいが、今まで気づかなかったくらいなので、ほぼ同額と考えていいと思う。経験的には、街中を乗りまわすだけなら100元少し超えるぐらいが多い。数人で乗れば、ひとりあたり地下鉄初乗り？ぐらいの運賃。

◉タクシー
女性だけで利用するときは、治安が比較的よい台湾であっても留意しよう。夜間はホテルや店できちんと手配してもらったほうがいいだろう。また、本書で取り上げている範囲内であれば台中・台南もメーター制だが、いずれも郊外に出ると交渉制がメインになる。

精悍な顔の台湾新幹線。定刻運行も日本っぽい。

台湾高速鉄道は制服が男女ともオシャレ。購入したい。

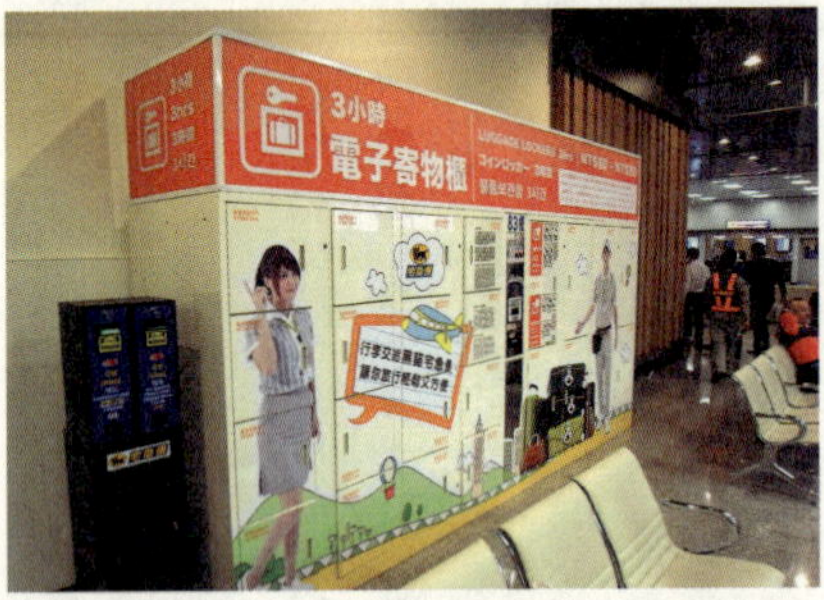

松山空港のロッカー。台北駅でもものすごく多い。

ローカル感に心なごむ在来線。写真は台南沙崙支線。

ドアは自分で開閉する。罰則があるのでシートベルト着用はうるさく言われる。運転手にはまず中国語しか通じないので、乗るとき行き先をメモ書きして指示するべし。日本語漢字は通じないので、「台北站（台北駅）」、「松山機場（松山空港）」などと、現地表記ではっきり書くこと。地元で評判のいいタクシー会社は「台灣大車隊」。

台北市内は台数も多く、タクシーを拾うのに困らないが、地方では必ずしもそうはいかない。観光名所やホテル、大型商業施設の周辺に行くか、腹をくくって地道に待つか。各自出たとこ勝負で乗りきりろう、おー。

【その他】

台北は「You Bike」、台中は「iBike」、台南は「T-bike」と、それぞれ市営のレンタサイクルもあり。もちろん旅行者も使用できる。

バスもたくさん走っているが、空港リムジンバスや、行き先がわかりやすい長距離バスはともかく、市内バスだと路線が複雑すぎるうえ、乗り降りの作法も慣れが必要。日本語NGの外人さんが都バス利用するようなもので、面倒くさがりの我々はほとんど使わない。

ちなみに台中では2014年、BRTという2両連結バスが専用車線を走りだしたが、1年で廃止になった。現時点での台中移動はタクシーを推奨したい。

◉100元少し超える
台北のタクシーは2015年10月から値上げされる。初乗りは70元のままだが、加算運賃が増額（メーターが上がる走行距離間隔が短くなる）され、約14％の値上げになるとか。それでもまだ安いんだけれど、これも時代の流れか。

◉台北站
站（チャン）とは駅のこと。ちょくちょく目にするので覚えておきたい。「台中火車站」など、在来線の駅名で目にする「火車（フォチャー）」とは、列車のこと。駅の経営が苦しいわけじゃない。

◉1年で廃止
台中のBRTは利便性と渋滞緩和を掲げて登場したものの、かえって渋滞を招き、使い勝手も悪くてまたたく間に廃止となった。現在、専用車線とシロイルカをイメージして造られたBRT用の目立つバス停は、他のバス路線に転用。むずかしいもんである。

コツ③値段だけで決めてはもったいない

台湾ならではの高級&デザインホテル

台湾で泊まり心地のよかった大人向きのホテルを挙げておく。これとは別に、民宿《ミンスー》というディープな体験のできる宿ジャンルも存在するのだが、それは改めて紹介したい（123ページ）。

我々が宿を選ぶときに注意する、ちょっとしたポイントは——

◎徒歩圏内に朝食のとれる現地仕様の店が幾つかあること。

◎リーズナブルな大箱ホテルは、海外からの団体さんの喧騒に巻き込まれる可能性があるので基本避ける。一方で、多少高くても宿泊してみる価値がありそうなホテルなら、食らいついてみる。価格はサイトで比較検討。

◎少数だが小洒落たホテルでも窓のない部屋がありえる。息苦しいので事前チェックで回避。一方、シャワーがあれば、バスタブの有無は不問。

【台北】

【Eslite Hotel（誠品行旅《チェンピンシンリュ》）】

2015年開業のハイセンスなホテル。台湾屈指の巨大書店、『誠品書店』が手がけるだけに、ラウンジから閲覧自由な美術書に囲まれている。建築家・伊東豊雄による建物は、外観はもちろん、部屋の隅々にまで神経がゆきとどき、これみよがしな派手さのない、真に上質なパーフェクトと呼びたい出来。キューブリックの映画の中に泊まっているようだった。

松山文創園區の庭に隣接し、客室から望む遠方のビル群も美しい。台北市内にいながら、高級リゾート気分が満喫。ただ、宿泊代がなぁ（ため息）。そのかわり、デラックスなラウンジでの飲み物は宿泊者無料。散歩がてら隣の永春駅周辺までちょいと足を伸ばすと、庶民的な朝食にもありつける。

【サンワン台北レジデンス（神旺商務酒店《シェンワンシャンウージゥディエン》）】

林森公園向かいに立つ大人気ホテル。『千里行』（99ページ）、『冠天下健康養身館』などオススメ足裏マッサージ店が徒歩圏内に並び、ホテル裏手はオジサン的には嬉しい飲み屋街の林森北路。フロントは日本語対応ばっちり、専用ケータイを貸してくれたり、物腰やわらかい

Eslite Hotelのラウンジ。バリエーション豊かな席がシックに配され、壁際に本が並ぶ。松山文創園區の裏手に面した入り口は、壁面の差し色がオシャレ。

『Simple ＋ Hotel』のバルコニーは狭いながらも朝など快適。

客室の浴槽からも外の自然を堪能できる『ザ・ラルー』。

『RED POINT』の朝食と結構長い滑り台は試す価値あり。

薄くて長い容姿が特徴の『ホテル・ワン』。悪目立ちはしていない。

接客ぶりも心地良い。

【Simple+Hotel《シンプルプラスホテル》（馥華商旅敦北館《フーファシャンリュドウンベオグアン》）】

シンプルかつスタイリッシュなビジネスホテル。客室は狭めだがバルコニー付きで開放感もあり、泊まり心地も悪くない。宿泊代もリーズナブルで、長めの滞在にもよさげ。周囲の裏筋を散策すると、地元普段使いの飲食店もたくさん潜んでいる。

【ザ・シャーウッド台北（台北西華飯店《タイベイシーファファンディエン》）】

松山空港にほど近い、ヨーロピアンテイストの老舗5ツ星ホテル。建物全体にやや使用感があるが、年季の入った落ち着きはさすが。裏手に軽食店やスーパーなどもあるし、富錦街（30ページ）に朝の散歩にでかけ、コーヒーをするなんてお楽しみもあり。地元っ子の友人にホテル内のイタリアンも美味ですよ、と薦められたが手がまわりかねている。

【パレ・デ・シンホテル（台北君品酒店《タイベイジュンピンジウディエン》）】

台北駅の向かい北側、バブリー&ゴージャスな造り込みぶりが楽しいホテル。建物の下層階はショッピングセンターの『Qsquare 京站時尚廣場《ジンチャンシーチャングアンチャン》』。4階の地元向けビアホール『金色三麦』（70ページ）で一杯やれる。一方、ホテル内バーラウンジは粗雑でお薦めできない。入り口付近がごちゃついているが、市内散策にはとても便利。

『シャングリ・ラ ファーイースタンプラザホテル台南』32階客室からの台南市街。真下は台鉄台南駅。

【台中】

【ホテル・ワン（亞緻大飯店《ヤーディダーファンディエン》）】

國立自然科学博物館と國立台灣美術館を南北に結ぶ、長い緑道のほぼ真ん中に位置するランドマーク的高層ホテル。まだ高層ビルの少ない台中では、道に迷ってもわかりやすい。室内のお持ち帰り自由な備品も充実。書きやすいボールペン、いつも頂戴しています、すみません。すぐ近くの模範街に、小さな市場を中心とするまったりした飲食街もあって、我々はここに泊まると朝食の定番にしている。

【RED POINT（紅點文旅《ホンディエンウェンリュウ》）】

フロントにど派手な滑り台（大人も利用可、実証済み）があってびっくり。一見チャラいが1階にギャラリーを持ち、館内に配された現代アートの絵画類も、単なる装飾ではなくて見ごたえ十分。すぐそばに食中心の渋い中華路夜市もあるし、第二市場（93ページ）も徒歩圏内。部屋は狭いものの、備品もセンスよく、朝食もかなりイケる。オフタイムの大人が満喫できるリーズナブルなホテル。

【ザ・ラルー（涵碧樓大飯店《ハンビーロウダーファンディエン》）】

山間の風光明媚な観光名所・日月潭のほとりに立つ、知る人ぞ知る台湾屈指の高級リゾートホテル。余韻が長く残る夢のような泊まり心地（１４６ページ）。

【台南】

【大億ランディスホテル（大億麗緻酒店《ダーイーリーヂージウディエン》）】

台南ビギナー向け。清潔かつニュートラルな雰囲気で、誰でも安心して泊まれる大型高級ホテル。ふかふかの大型ベッドが寝心地いい。我々も初めての台南はここに泊まった。そのときはわからなかったが、台南市内の散策にも絶好のロケーションである。

【シャングリ・ラ ファーイースタンプラザホテル台南（香格里拉台南遠東國際大飯店《シャングエリイタイナンユアンドングオジィダーファンディエン》）】

東京にもある５つ星ホテルの系列。台鉄台南駅の西側にそびえ、ゆったりゴージャスな客室から見下ろせる、台南の街の眺めは最高（１１５ページ）。利用客は欧米人が多い。駅周辺にはさしてこれといったモノはないのだけど、台鉄を使った近隣散策をメインにするならもってこい。隣接デパートの地下にはスーパーマーケットも。シャングリ・ラ系列のホテルでは一番リーズナブルとのうわさあり。

[台中]

●ホテル・ワン（亜緻大飯店）
台中市西區英才路 532 號　MAP P156 C-3

● REDPOINT（紅點文旅）
台中市中區民族路 206 號　MAP P156 C-4

[日月潭]

●ザ・ラルー（涵碧樓大飯店）
南投縣魚池鄉水社村中興路 142 號　MAP P152 B-2

[台南]

●大億ランディスホテル（大億麗緻酒店）
台南市中西區西門路一段 660 號　MAP P157 D-1

●シャングリ・ラ ファーイースタンプラザホテル台南（香格里拉台南遠東國際大飯店）
台南市東區大學路西段 89 號　MAP P157 C-2

[台北]

● Eslite Hotel（誠品行旅）
台北市信義区菸廠路 98 號　MAP P154 C-4

●サンワン台北レジデンス（神旺商務酒店）
台北市南京東路一段 128 號　MAP P155 B-2

● Simple + Hotel（馥華商旅敦北館）
台北市松山區敦化北路 4 巷 52 號　MAP P154 B-3

●ザ・シャーウッド台北（台北西華飯店）
台北市民生東路三段 111 號　MAP P154 B-3

●パレ・デ・シンホテル（台北君品酒店）
台北市承德路一段 3 號　MAP P155 B-2

実感からの備忘録

都市部なら基本、「なんとかなる」

服装は、暑い夏の時期は、日本の真夏日と同じ。ただしレストランや電車が、冷蔵庫状態のことがあるので、羽織れるものを1枚は用意。春秋は半袖、冬場は長袖シャツが基本、夜はアウターを羽織って丁度よい感じ。

着合わせのイメージは、自由が丘・吉祥寺・中目黒あたりに出かけるイメージで揃えると、街にほどよく馴染み、散歩の足も弾むはず。

ちなみに、あちらの女性はあまり化粧をしない。男性もオシャレすぎるとゲイに思われるとか（しつこく言いますが同性愛に寛容な地、サベツじゃありません）。気張った格好をしすぎると、ガイジン観光客であっても悪目立ちする。万事ゆるく行くべし。

お金の単位は元《ユエン》またはNTD（ニュー台湾ドル）。「円」と「¥」みたいに見た目は違えど同じ単位。レートは最近（2015年8月）で1元=4円見当。少し前まで1元=約3円だったから、円安で日本との物価の差は縮まっている。軽食類や交

なかなかお目にかかれないマボロシの2000元札
2000
貳仟圓
2000

◉冬場は長袖シャツが基本
台湾の冬の気候は日本の秋ぐらい。現地の人々はダウンジャケットやスウェットを着こんでいたりする。寒さに弱いというより、冬らしい装いを楽しんでいる様子。革モノはさすがに暑すぎるようで着ている人はまず見かけない。一方、ホテルのエアコンに暖房機能はまずない。人によっては夜、肌寒く感じるときがあるので、部屋着は工夫した方がいいかも。

通機関、マッサージをのぞくと、価格でさほどお得感は感じないはず。安さにかまけた爆買いはあきらめなされ。

ただし、日本と同じぐらいの金額でより上質な料理やサービスを受けられることが少なからずあり、行けば十分満足できる。

コンビニといえども実にフォトジェニックだったりする。台中にて。

『セブンイレブン』『ファミリーマート』など、日本のコンビニエンスストアが日本以上に入り込んでいて、犬も歩けば棒に当たる状態。日本のスナック菓子や飲料が日本語表記のまま見つかるし、ドラッグストアに行けば新三共胃腸薬とかおなじみの薬が並んでいるので、軽い胃もたれや風邪などは自力でなんとか乗り越えられるはず。日常品は忘れてきても都市部であればなんとかならあ。

ちなみに、電源は110Wで二股コンセントが使えるので、日本で使っている家電がそのまま使用可能。コンピューターなど精密機器は注意という話もあるもが、同行しているツマは、持ち込んだノートパソコンをいつも普段通り使いまくっている。台湾まで仕事持ち込むなよ。

◉コンビニエンスストア
レジ袋は有料。エコバックやビニール袋なり持参を。

◉ほかにあるとよい持ち物など
【メモ帳とペン】
タクシーの行き先指示など。ガイドブック指差すの恥ずかしいので。計画性があれば、予め繁体字で目的地を出力していくと安心。
【晴雨兼用傘】
どちらかというと雨向けだけど、女性ならこっちのほうが便利か。
【薄手の巻き物】
冷房対策に。

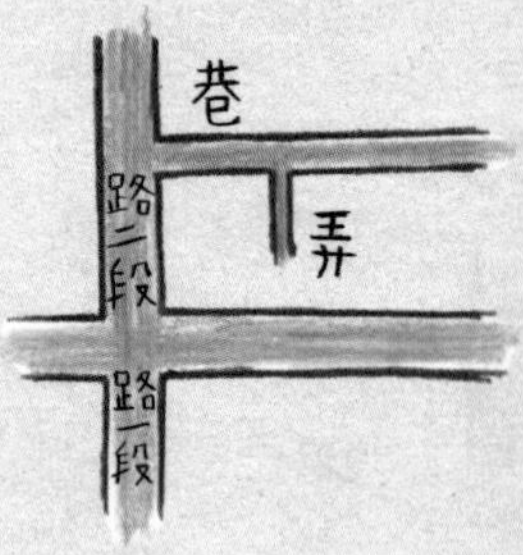

Column 4

台灣小常識再加碼

覚えて便利な住所の読み方

台湾の住所表記はストリート形式。欧米で一般的な方式ですね。そもそも区画表記をする日本が特殊なんですが、それはともかく、台湾の表記方法は覚えておくと、もし迷ったときでもいい手がかりになってくれます。

まず道。一番大きい道を「路《ルー》」、少し細めだと「街《ジェ》」。長い道の場合は交差点などで「段《ドゥアン》」に区切ります（イラスト参考）。

「台北市大安区信義路二段194號」とあったら、信義路という道路の2区分目沿いにあることを意味します。「號《ハオ》」は番地。194號なら194番地ということ。番地は、道の両側に偶数・奇数に分けて順に振られます。ちなみに、たとえの住所は小籠包で有名な『鼎泰豐・本店』の場所です。

路や街からに脇に分岐して入る狭い道は「巷《シャン》」といいます。さらに脇に入る一番細い道は「弄《ノン》」。「巷」「弄」という字が住所に加わっていたら、大通りのちょい裏手にあってわかりにくそうだぞと、ロケーションがざっくり読み取れるわけ。

あと「樓《ロウ》」が加わっていたら、それは建物の階数を示しています「2樓」とあればその2階にあるわけ。

「台北市仁愛路四段62號12樓」とあれば、仁愛路という大通りの四区画目の筋沿いにあるけど12階なのか、怪しそうだなあ……となる。実際のところは、足裏マッサージの名店、『十足健康』（99ページ）の住所なんですけどね。

第5章

台湾さんぽ 実録ケーススタディ

本章は台南・台中・台北、3つの街の実体験に基づく二人旅のサンプルである。言葉が通じないと行きにくい場所もあるし、テンコ盛り気味に回っているので、参考になりそうな箇所をかいつまんでいただきたい。

いずれも宿泊を前提。首都・台北はともかく、台北から高鉄（台湾新幹線）で日帰りできる台中と台南も、最低1泊はするべし。

夜こそ本領を発揮する、宵っ張りな飲食街を散策し、朝は朝で爽やかな空気の中、屋台などで小吃をまったりつついてこそ体感できる、土地それぞれの持ち味がある。

1泊単位なので、組み合わせて活用してみるのがオススメ。よき散歩の旅を。

台湾さんぽ
実録
ケーススタディ

CASE STUDY
I

台南

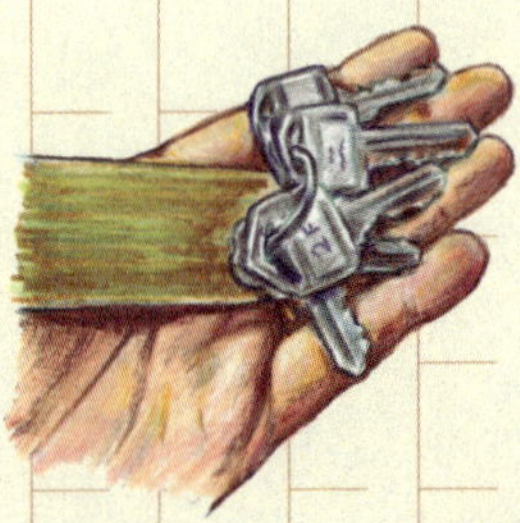

古都の日常まったり歩き

台湾で最初に首都がおかれた古都。安平《アンピン》の古跡から日本統治時代の駅舎まで、多くの旧跡が現存。現代と歩調を合わせつつ、街にのびやかな品位を漂わせている。小吃《シャオチィ》＝軽食が発達していることでも知られ、台南をルーツとする名物小吃も多い。そして最近ではモダンな民宿《ミンスー》のメッカ！

1日目 14：00～

東京から成田→桃園国際空港→タクシー→高鉄桃園駅という最短ルートを経て高鉄台南駅に到着。ホームに降りて、熱帯のユルユルとした熱気に包まれると、またたく間に全身のこわばりがほどけていく。

「ヴ～」「ゐぇ～」

我々夫婦は言葉にならぬ満足のうめき声を漏らすと、現代的な駅舎をぬけ、隣の台鉄沙崙《シャールン》駅へ移動する。ローカル風味たっぷりの田園風景の中をガタゴトと通り抜け、30分程で台南火車《タイナンフオチャー》駅へ。日本統治時代の古風な駅舎は、プラットホームともども何度降

1. コロニアル様式の台鉄台南火車駅のコンコース。**2.** 何か懐かしい月台（ユェタイ）＝プラットホーム。**3.** 駅舎は1936年完成で耐震設計。2階部分を再整備し高級ホテルにする計画もある。

りても味わい深い。異国と思えない不思議な郷愁感を後に、現地の日常に混ざり込む。

駅前でタクシー運転手に見せるメモの行き先は、民宿《ミンスウ》の住所。場所がわかりにくいようで運転手は頭をかく。

民宿！　我々の台南通いに拍車をかけているのがこの存在だ。日本と同じ民宿の意味だが、様子はかなり違う。街中の古い民家をモダンにリノベーションしたものが多く、泊まり方は、部屋の使い方を教わり、建物のカギを渡されてあとはご自由に、という完全お任せ方式が基本。食事も、朝食を出してくれる場合もあるが、たいがいは素泊まりで自分たちでまかなう。

作りものでない古民家の年季と、きっちりリノベされた客室の居心地の妙。ご近所の息づかいまでうかがえそうな地元との密着感も、それを求める旅行者には好ましい。高級ホテルとは別ベクトルの贅沢さだ。民宿は台北や台中、太平洋側の宜蘭《イーラン》など方々にあるが、質と数が揃っていて、使い勝手のいいのは台南だ。

泊まったことのある台南の民宿を数軒紹介すると

『謝宅』1号館のずっと座っていたくなる趣のバルコニー。手前部分は部屋をつぶして広げたそう。大胆。

使い込まれた家具や伝統的な磨石子の石床から、台南の生活の息づかいが漂う。こちらも『謝宅』1号館。

1.『有方公寓』の広さも適度なロビー。時計は飾り。2. 質素だが水回りや寝具などがしっかりした快適な客室。アメニティはロクシタン。3. 外観。タクシー泣かせのロケーションにある。

◎**有方公寓《ヨウファンゴンユィ》**

神農街《シンノンジェ》の1本裏手の細い筋に立つ民宿。地元のクリエーター仲間が共同経営する古民家の宿。4階建て2階以上が客室で計4部屋。リノベーションにより、ヨーロッパテイストを加味した造りになっている。時折、窓ごしに隣家や通りの声がきこえてきたり地元密着度は高い。神農街周辺は、夜屈指の飲みゾーンとなるので、飲み助には便利。宿泊者専用の1階ロビーがまたシャレていて、貴女の心を鷲掴み。パン＋αの家庭的な朝食付きだが、永樂市場のステキな飲食街が目と鼻の先にあるのが悩ましい。

◎**正興咖啡館《チャンシンカーフェイグアン》**

地元の若向けプチ繁華街、正興街《チャンシンジェ》のただ中にある。古民家をリノベーションした有名カフェが営む宿。4階建て3部屋。カフェスペースを突っ切った先、秘密のドアの奥にこっそりある。繁華街ゆえ周囲がわさわさしているが、夜は静かそのもの。スタイリッシュかつ手造り感漂う客室は、民宿初心者にも泊まりやすい造り。カフェだけに朝9時以降ありつける朝食はなかなかに美味。唯一の難点は、夜出入りする時4個のカギを開け閉めすること。酔っ払っていると難易度高いぞ。

7.『毛屋』の朝食をとる別棟。庭の緑が鮮やかで目が覚める。8. コンクリート壁面が素人目にも美しい。9. 狭小住宅風の客室。高低差を巧みに活かして狭苦しさはあまりない。

4.『正興咖啡館』はカフェも居心地花マル。
5.6. 泊まった部屋は浴室が楽しかった。

◎毛屋《マオウー》

台南の建築家・毛森江《マオセンジィヤン》氏が自ら設計、営むモダンな名民宿。海に突き出た漁光島《ユィゴンダオ》にぽつんとある。タクシーを使い、道路橋を経て到着すると、うら寂しさに不安になるほど。そこにコンクリート打ちっ放しの宿が待っているのだから驚く。宿泊したとき、同行した建築家K崎氏は、コンクリートの出来に感心することしきり。民宿というより、島の自然を愛でる高級コテージに近い感じだ。

宿泊は一軒の建物を壁で隔てた2棟構成で、我々は小さい方の棟に宿泊。小窓の風景も計算された、みごとな狭小住宅である。どちらもグループ用。小さい棟は2階リビングをはさんで1階と3階に寝室がある。プライバシーは守れるがトイレが密閉空間でなかったりと、同泊する相手を少々選ぶ。

朝、向かいの別棟で、自家製の地元名物サバヒー粥と牛肉湯をいただける。日がさんさんと差し込む広いリビングでとる朝食は、それだけで来たかいがあるというもの。最後に革カバーにはさんだ毛屋のポストカードを記念に贈られる。民宿であると同時に、毛氏に設計依頼を考えている施主さん向けの体験スペースでもあるようだ。

◎謝宅《シェヂァイ》

台南民宿を代表する市井の桃源郷。西市場を中心

1.『謝宅』3号館。客室はコンパクトだがカワイイ風呂付き。**2.** 玄関脇の台湾カエデの間。この野放図さも謝宅の魅力。**3.** 蚊帳を吊った寝室。懐かしさに包まれ爆睡できる。

に5軒が点在し、さらに増殖予定。オーナー謝文侃《シェワンカン》氏が、近親者のかつての住まいをリノベした宿である。5軒いずれも入り組んだ場所に潜んでいて、住所は非公開。宿泊当日、宿近くの大通りの角などで、スタッフと待ち合わせ、宿に案内されるのは秘密結社の気分だ。宿の使用方法と建物の歴史について丁寧な説明を受け（日本語ＯＫのスタッフがいる）、鍵を受け取り、じゃあ明日と別れる。

謝宅1号館にあたる西市場の宿は、市場の中にあり、生地屋を営んでいた謝氏の実家をリノベした5階建ての1棟まるごと貸し。商家らしくムダのない元祖狭小住宅ぶりが興味深い。

泊まってみると、ここで営まれていた生活の痕跡が方々に見て取れて想像力を刺激する。寝床は薄手の布団。一見チープだが、謝氏の母上が縫い上げた上質な掛け布団で、快適である。万事そんな感じで、雑なようでいて細やかな気遣いがなされている。もてなし上手な宿だ。

――こんな具合。

今回は、密かに全棟コンプリートを目指す謝宅で、3号館に当たる保安路《バオアンルー》の宿に宿泊。謝氏の元叔父の家だそうで、3階建て3組が宿泊できる。その分、宿泊代はお手頃。玄関脇の、ノリでやっちゃったという屋根ぶちぬきで伸びる〝台湾カエデの間〟にあ然とする。これ、外からだとわからないんだよなあ。狭いが居心地のいい部屋でしばしくつろぐ。

16：00～

遠出するには半端な時間なので、近隣の西華街《シィファジェ》を散策。永樂市場《ヨンラァシーチャン》のある民族路との交差点からスタート。永華路《ヨンファルー》との交差点まで、通り抜けるだけなら30分コースだが、気になるポイントが多くて寄り道せずにはいられない。

永樂市場に隣接する飲食店街から始まり、雑貨の『彩虹来了《ツァイホンライラ》』（87ページ）のある盛り場ゾーンの正興街、日本統治時代の地名「淺草商場《チィエンツァオシャンチャン》」に由来する淺草青春新天地《チェンツァオチンチュンシンティエンディ》、ベタな婦人服の密集地帯、保安路の渋い飲食街など、台南の日常的風景が変化

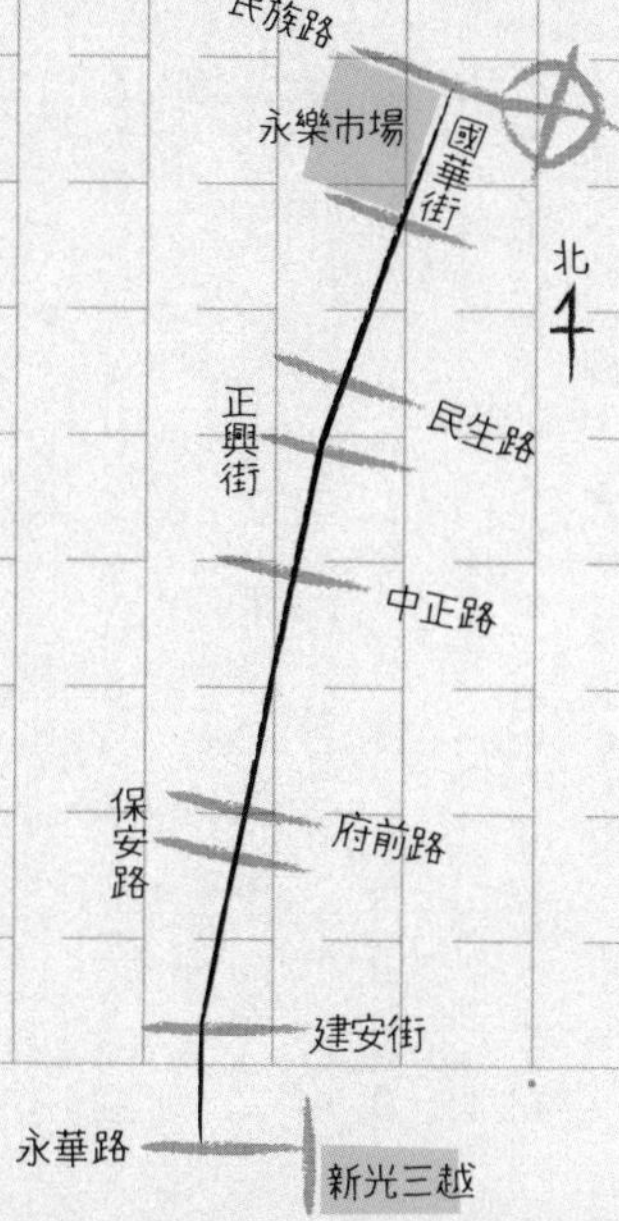

に富んで次々に出現する。

永華路の交差点に出たら東突き当たりが新光三越《シングアンサンユエ》デパート。台南でタクシーが拾いやすい貴重な場所のひとつ。客待ちしていた1台に乗車して、そう遠くない場所にあるお気に入りへ、夕食に向かう。

18：00～

『福楼《フウロウ》』（61ページ）で制限かけずに飲み食い。その後、隣接する健康的なマッサージ店数軒の中から、角の『鄧老師脚底按摩養生館《ドンラオシージャオディアンモウヤンシャングアン》』（99ページ）へ。

マッサージで胃の調子も回復、足取り軽く、海安路二段沿いのオープンテラスが連なる夜飲みゾーンへ徒歩で向かう。夜風に吹かれてもうひと飲み。あとは朝までぐっすり。

2日目

7：30～

永樂市場の飲食店街で牛肉湯《ニューロウタン》を食べ、朝の水仙宮市場（94ページ）をのぞいて、宿に戻る。くつろぎすぎて二度寝。

9：30～

謝宅をチェックアウト。台鉄台南火車駅《タイナンフォチャー》の安くて便利な行李房《シンリーファン》＝荷物預かりに荷を預け、午前の散策へ。

台南ビギナーであれば、思いきり観光地しているものの、一度は行っておくべき安平《アンピン》の古跡エリア巡りへ。

我々は、台鉄で5駅30分ほどの岡山《ガンシャン》駅へ向かう。鎮文賢市場《デェンウェンシャンシーチャン》という、生鮮食料品メインの広い市場をさまよい、あちこちにぼこぼこある岡山名物の羊鍋、羊肉爐《ヤンロウルウ》の店の1軒で昼食をとる。漢方薬風味のほろ苦いスープと、タレに用いる甘い豆板醬の組み合わせが新鮮で、困るほど食が進む。

13：30～

ふたたび、台南火車駅に戻り、タクシーで『林百貨《リンバイファ》』へ。隣棟の『DOUMaison』、歩いて10分ほどの『B.B.ART』も見てまわる。コバラ満たしに、おそるべき早さで小籠包の供される『上海華都小吃點心城《シャンヘイドォシャオチィディエンシインチャン》』（55ページ）で、小ぶりな小籠包を。

時間に余裕があれば、神農街～信義街（31ページ）を散策して、ギャラリー・カフェの『兩倆《リャンリャア》』（48ページ）でひと息つく。その後、駅で預けておいた荷物を受け取り、旅の次の予定地へあたふたと移るのであった。

1. 水仙宮市場（94 ページ）の奥、神様の前で開店の準備。アバウトさが台湾だ。**2.** 水仙宮市場の永樂市場側に続く魅惑の小吃通り。**3.** 淺草青春新天地はトホホ感が持ち味。**4.** 賑わう岡山の羊肉爐店。

［台南］

●淺草青春新天地

台南市中西區國華街 3 段 26 號　MAP P157 C-1

台湾さんぽ
実録
ケーススタディ

CASE STUDY
2

台中

タクシーで効率よく アート＆美味散歩

台湾第3の都市。平均気温23℃と適温、しかも立地的に晴れる率が高く、住みやすいと人気。國家歌劇院《グォチャーグゥジィエン》や國立台灣美術館《グォリータイワンメイシューグァン》など先端アート・スポットとローカル色がほどよくミックスしている。食も経験した限りではアタリが多く美味。徒歩では難しい中距離移動があるので、数人でタクシーがベスト。

1日目 13：00～

朝早く東京・羽田を出発、台北で台湾新幹線に乗り継いで高鉄台中駅のホームに降り立つ。慣れ親しんだユルい空気がお出迎え。それだけで体がほぐれてまいります。

「台南には帰りたくなるほど心地よいユルさが漂ってるけど、台中はもう少し軽めの、楽しんだら日本に戻ろうって気になれるユルさだよね」

ツマがそう言って、台中の空気を美味しそうに吸い込む。短期の息抜きにはもってこいだよねと肯く。

改札を出て、連絡通路の先の台鉄新烏日《シンウーリー》駅へ。高架線を走る高鉄と違い、地上を走るローカルな台鉄

1. いつも空いてててウマい『沁園春』、万歳！ **2.** 名脇役の油燜筍さん。**3.** この小籠包を食べないと台中に来た気がしない。**4.** 重厚な台中火車駅は1917年の築。現在、周辺は再開発中でやがて一変する。

は、車窓からのどかな街の風景が覗くのがいい。のんびりながめているとさらに気持ちがほぐれていく。３駅10分ほどで台中火車駅に到着。

年代ものの駅舎を出ると、少し荷物が重くても、徒歩５分ほどの上海料理の老舗、『沁園春《チンユエンチュン》』へ駆け込む。渋めの店内で、小籠包のプレーンとカニミソ入り、油燜筍《ヨウマンスン》＝メンマの油炒めを注文。ジューシーな品々を夢中で頬張り、台中に戻ってきたヨロコビを噛みしめる。

ここまでが我々の台中訪問お約束の儀式。気が済んだところで、店の真向かいにあるスーパー、『頂好《ディンハオ》』をさらっと物色、タクシーを拾いホテルへ。

15:00〜

宿は何度も利用している『ホテル・ワン（亞緻大飯店）』（１１６ページ）。好みからいうと少々ハデだけど、立地が非常に便利なので、つい選んでしまう。荷を解きすぐに散策へ。ホテル前から豊かな緑道を南へ向かい、20分ほどで現代アートのメッカ、國立台灣美術館《グオリィタイワンメイシューグアン》（47ページ）に到着。

ミュージアムショップで待ち合わせることにして各自、好みにまかせ美術鑑賞。その後、美術館の通りの向こう、週末の午後にアートゾーンと化す忠信市場《チョンシンチーチャン》をわくわくしてぶらつく。画廊、雑貨店、カフェなどの入り交じる、成長株のスポットを満喫する。

ツマが市場を出てすぐの場所で、『上田美術《シャンティエンメイシュ》』なる不思議な名前の洋服店を発見。「鄭恵中《チャンフェイチョン》の服じゃない！」と色めきたつ。

日本でも有名な台湾人ファッションデザイナーで、台北でも入手が難しいのにっ！と、あれこれ手に取り、赤墨色のパンツを購入（19ページ）。

物欲の少しおさまったツマと緑道を引き返す。道すがら『緑光計畫《リュグゥアンジーファ》』のある筋に寄り道。水道局の細長い官舎をリノベーション、小さな雑貨店がいろいろ入っている。構造は面白いしガンバッテいるから応援したいところだが、全般的にセンスが微妙で食指は動かない。2階の中国茶店、『無藏茗茶《ウーツァンミンチャー》』で扱う高山緑茶という台湾緑茶は好物なので購入。烏龍茶系とはひと味違う、ほのかな甘みを秘めた薄味がまろやかで、夏場によく飲んでいる。

ふたたび緑道をホテル方面へ戻る。ホテル前を通り過ぎて、『緑光計畫』と同系列の『范特喜街《ファンタアシージェ》』＝ファンタジー街をぶらつく。やはり古い家屋をリノベした店が並ぶこの筋は、名前は微妙だけど、先にできたせいか、雰囲気がこなれていて大人っぽい。

続けて、緑道の向かい側にある勤美術館《チンメイシューグアン》（48ページ）をさらっと観つつ、奥にある『生活起物《ションフォチーウー》』（86ページ）に寄る。最新の台湾雑貨事情を探り、小物を購入。年々欲しいもの増えてきたなあ。

そろそろ暗くなってきたので、目と鼻の先にある宿泊先のホテルへ戻りひと息。ホテル西隣の『春水堂《チュンシュイタン》』でお茶をしたかったが、席待ちも出ている混雑ぶりにあきらめる。

19：00～

ホテルで予約をお願いしておいた『無老鍋《ウーラオグオ》』（60ページ）へタクシー移動。複雑な味わいの二色鍋を堪能した後、同じ公益路《ゴンイールー》沿い徒歩1分圏内にある茶藝館『無為草堂《ウーウェイツァオタン》』へ。池の脇のテーブル席に通され、夕食後の台湾茶をまったり。夜の茶藝館は空いていて、敷地の夜景も味わい深く、昼間に訪れるよりも好みなのだ。

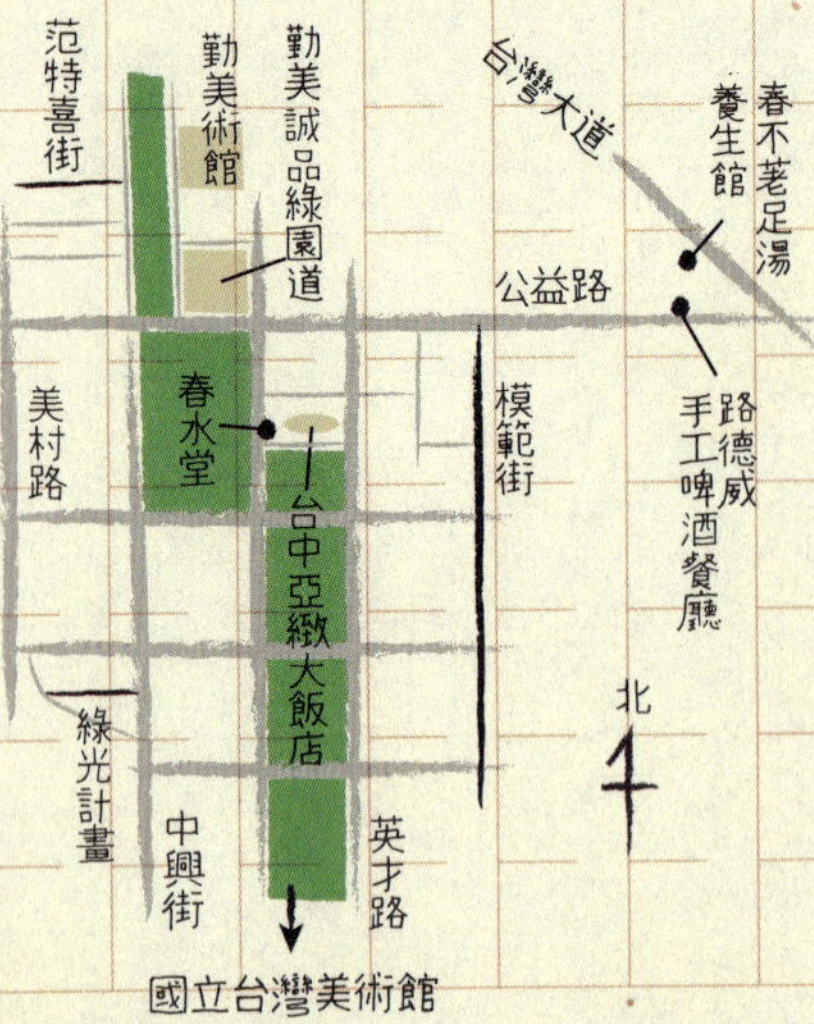

1. 忠信市場のリノベーションカフェは映画のセットみたい。**2.** 市場を西側の通路から出てすぐの『上田美術』。ストールなどは男も使えそう。**3.**『綠光計畫』の２階部分は遊歩道になっていて楽しい。**4.**『范特喜街』でちょっと下北沢を思い出した。**5.** 立体作品が点在する緑道。街中にこんな道が続いていてなんとも贅沢。

『無為草堂』を出て、満腹退治にホテル方面へ歩いて戻ることにする。大型飲食店の並ぶ公益路を進みながら、次来たときはどの店に入ろうかと品定め。約2kmの道を40分程度で歩き、台灣大道との交差点を左折、『春不老足湯養生館《チュンブーラオズゥタンヤンシャングァン》』（99ページ）へ。1時間ほど足裏マッサージに悶絶する。

23：30〜

すっかり疲れも取れて足取り軽く、徒歩1分圏内にある『路德威手工啤酒餐廳《ルウダウウェイショウゴンピージウツァンティン》』（70ページ）でクラフトビールに直行。ここの自家製黒ビールは、ヌケのいいコクとまろやかな味わい。南国の暖かさとも相性抜群で、我々の台湾ビール部門で首位を独走している。オープンな雰囲気もいい。

マッサージの効果も手伝い、陽気にはしゃぐ地元の人たちに混ざってリラックスしまくる。ピルスナータイプのを1杯だけおかわり。二人ですする。

ほどよく酔ってホテルへ。実はここから宿泊先の『ホテル・ワン』は間近に見えている距離。46階建てのビル27階から上を占める客室で、夜景を眺めながら入浴して爆睡。

2日目

7：30〜

ホテル最寄りの模範市場《ムオファンシーチャン》のささやかな小吃ゾーン

1. 笑顔から美味しそうな豆花売りのおじさん。**2.** 大豆の香りとスープの甘みが絶品の豆花！ **3.** 甘い米漿とさっぱり焼餅で典型的な台湾朝飯。**4.** 台湾朝飯を食べた店は地元民で大繁盛だった。

5. 巨大な関羽像の真下まで上れる南天宮は道教のテーマパーク状態。**6.** どことなく陰った風情がいい青草街。

へ。地元の方々に混ざり、米漿《ミイジャン》（米製の甘い豆乳風飲料）で焼餅《シャオビン》をほうばる。豆花《ドウファ》（杏仁豆腐風スイーツ）の屋台があり、おじさんの笑顔からウマそうでついテイクアウト。ホテルで食べたらさっぱりめの絶品だった。古都安平の某有名店より好み。

8時30分をすぎたので、開店直後の空いている『春水堂』へ。テラス席で温かいパールミルクティーを一杯。目前に広がる市民広場の緑と、朝の空気の心地よさが何とも。

「飲みすぎじゃ食いすぎじゃ」と夫婦で互いの腹をつつき合い、罪悪感をごまかす。

10：00～

チェックアウトして荷物をフロントに預け、気になっていた南天宮《ナンティエンゴン》へ、タクシーで向かう。車の拾いにくい場所なので運転手さんに待機していてもらい、駆け足で30分ほど見物。6階建ての道教のお寺さんの、明るくおおらかな土着的造形に思いのほか心躍る。

タクシーに戻り、台鉄台中火車駅へ。第三市場（93ページ）はこの前散歩したばかりなので、駅前の老街、青草街（31ページ）の渋い風情を散策し、隣ブロックの第一広場の喧騒に潜り込む。ここはベトナムやインドネシアなど、東南アジアからの出稼ぎ組の買い物スポットで、ビルの中に電化製品や衣類、食堂、カラオケ店がぎっしり詰まっている。まさにアジアのカオス。停止したままのエスカレーターを上り、ディープな世界を目を泳がせて見物。人気アイス店『宮原眼科《ゴンユエンイヤンクァ》』（77ページ）のアイスはスルーして、『洪瑞珍《ホンルイチェン》』（54ページ）で夜食のサンドイッチを買い、ふたたび車を拾って、15分ほど郊外の『十分粥道』（59ページ）へ。おかず3品＋お粥1種で399元というお得コースを注文（2人以上）、豪華な美味粥をリーズナブルに堪能する。

14：00〜

店でタクシーを呼んでもらい、國家歌劇院《グオチャーグウジィユエン》（台中メトロポリタンオペラハウス）（39ページ）へ。まだ中は入れないが、外観だけでも興味深い。東に延々と広がる公園広場を進む。脇にそびえる巨大な摩天楼に魅入られ、新しいホテルかと玄関をうろつき警備員に叱られる（聯聚信義大廈《リャンジュシンイーダーシア》、という台中屈指のウルトラ億ションだった）。

　モダンな市政府を通過し、公園を抜け、さらに進んで大容東西街《ダーロンドンシージェ》へ。まん中に川の流れる緑道をはさみ、南北に続くとても感じのいい道で、東京の中目黒あたりを彷彿させるが、こちらの方がずっといい。

　日差しの強い日は、街路樹の影の下を歩くことができて、さらに心地良い。「ここは台中の日傘だね」とツマ。

例のウルトラ億ションは29階建て。図書館なども有し、1フロア1戸で5億円以上！

　川沿いを南下するにつれ、両岸に飲食店が増えてくる。カフェやイタリアンなどの洋食が目につき、東京・小石川のイタリアンの姉妹店、『義式厨房《イーシイチューファン》コパン』なんて店まで並んでいてびっくり。この筋これから人気が出るだろうなあ。

　日本つながりだと、『小器生活道具《シャオチーダオジュ》』や、1本脇の道にある『實心裡生活什物店《シーシンリーシャンフォシェンウーディエン》』など、和雑貨を扱う店も見つかる。凝った店の造りと、和物に対する独自なセレクトセンスに、雑貨好きの心が燃えてつぶさに見入ってしまう。

　交叉する大墩街《ダードゥンジェ》に並ぶカフェの一軒でひと息。ぼやぼやしていたらじきに夕方だ。あわてて車でホテルに戻り、次の目的地へと向かうのだった。

大容東西街は晴天の午後の散歩が、特に心地いいはず。河にかかる橋に数カ所無料の休憩施設もある。

[台中]

●沁園春
台中市中區臺灣大道一段 129 號　MAP P156 C-4

●上田美術
台中市五權西三街 3 號　MAP P156 C-3

●綠光計畫
台中市中興一巷　MAP P156 C-3

●無藏茗茶
台中市中興一巷 10 號 2F
www.wu-tsang.com.tw/　MAP P156 C-3

●范特喜街
台中市美村路一段 117 巷　MAP P156 B-3

●義式厨房コパン
台中市西屯區大容西街 55 號
www.copain-taiwan.com/　MAP P156 B-3

●第一広場
台中市中區川西街 135 號　MAP P156 C-4

●小器生活道具
台中市大容東街 17 號　MAP P156 B-3

●實心裡生活什物店
台中市南屯區大容東街 10 巷 12 號
MAP P156 B-3

●大容東西街
直接行くなら路の南外れにあるスーパー、家楽福・文心店を目指していくと分かりやすい。大容東西街は店の正面向かい。台中市南屯區文心路一段 521 號
MAP P156 B-3

台湾さんぽ
実録
ケーススタディ

CASE STUDY
3

台北

喧騒に距離を置く ゆったりスポット巡り

台湾第一の都市。台北101タワーほかモダンな現代建築と戦前の古い建物が混在する街並みが魅力的。一方で、高密度に立ち並ぶ建物の間を、高架線が何本も走る中心部は閉塞感もあるものの、MRTを使えば市内移動は至極便利。飲食店は軒数の多さゆえか玉石混淆。亜熱帯で冬の時期はそこそこ寒い日もある。

1日目 10:00〜

我々夫婦は台北にあまり思い入れがない。高密度の街を人混みにまぎれてさまようにつれ、これじゃ東京都心部と大差なし、わざわざ散歩に来る理由ないなあと、食傷してしまうのだ。

とはいえ、台北は様々な顔を持つ大都市である。街の良し悪しを、数カ所ちょいとのぞいてみた程度では断定などできない。自分たちが好意を持てそうな場所を求め、見つけだしては少しずつ街に歩み寄っている。今回もそんな場所探しである。

羽田から松山《ソンシャン》空港に到着。MRT松山機場駅からホテルへ。空港自体が市内にあるから、10分も乗ればホテルに行き着く。夫婦二人だけで、週末の息抜き旅行なのでリーズナブルに南京復興《ナンジンフウシン》駅近くの『Simple + Hotel《シンプルプラスホテル》』（115ページ）。ムダのない、まさにシンプルで大人っぽいシャープな造りがいい。駅からすぐのロケーションも便利だ。

チェックインタイム前なので荷物だけ預け、南京復興駅から松山《ソンシャン》線に乗り、4駅先の西門《シーメン》駅へ向かう。東京のPASMOにあたる「悠遊卡《ヨウヨウカー》」を持っているので、これを自動改札にタッチするだけで乗り降りできる。東京にいるときと違和感なし。

西門駅の、渋谷センター街風にヤングでごった返す西側に背を向け、東側エリアでランチをとる。駅前の地元デパート『遠東百貨《ユエンドンバイファ》』の地下にある『朱記餡餅粥店《チュウジーシエンビンヂョウディエン》』で各種水餃子か、『東一排《ドンイーパイ》骨總店《グーソンディエン》』（53ページ）で排骨飯《パイグーファン》かで意見が分かれ、ジャンケンの末、ツマに打ち勝ち、排骨飯に決定。なぜか昭和大箱レトロ喫茶風の店内で、ボリュームある排骨飯を平らげる。朝早かったからね。秘伝スパイスを加えて揚げたカツと、魯肉《ルーロウ》＝豚挽き肉の煮込みをまぶした飯がクセになるウマさ。よしいいや、ビールも飲んじまえと、さっぱり味の台湾啤酒にて乾杯。

12：30〜

新しい店が次々できているという、迪化街《ディフォアジェ》の様子うかがいに向かうことにする。『東一排骨總店』からだと、北上すれば約1㎞の距離。歩いて行けるところだが、あえてMRT松山新店線に乗車し北門《ベイメン》駅へ。２０１４年に完成した新しい駅で、地下１階通路では工事中に出土した清時代の遺跡をガラス床越しに見ることができるのだ。その通路を興味深く、しかしあっさり通り過ぎ、地上に出て目の前の大通りを北上し、高架線をくぐり約５００ｍで迪化街の北端に到着。

迪化街に行くには、今まで雙連《シュワンリエン》駅か中山《チョンシャン》駅から、どうということもない通りを15分近く歩くのが定番だった。新しい北門駅からだと約半分の距離で行き着けるし、賑やかな北端から入れるのも正統な感じで、通りの印象がアップする。

とはいえ、やはり我々は、観光地化の進むここにイマイチ馴染めない。それでも、方々に潜む生活感ムンムンの問屋街の雰囲気は捨てがたく、文句をたれつつ離れられないでいる。

通りをぶらぶら北上し、途中で民生西路《ミンシャンシールー》の交差点を左折、迪化街をはずれてすぐ先の大稲埕碼頭《ダーダオチャンマートウ》で淡水河を眺める。川面の風が心地よい。

その後、こちらも迪化街から一歩距離を置く『保安捌肆《バオアンバースー》』（74ページ）で、サイフォン式の美味コーヒーをすする。あるいは、最寄りの大橋頭《ダーチャオトウ》駅から中山駅まで少し南下して、雑貨スポットの赤峰街《チーフォンジェ》

1. 開放感全開の大稲埕碼頭。**2.** 楽しくごちゃつく迪化街。**3.** 北門駅の遺跡コーナーは改札の外。**4.** 土銀展示館の金庫は本物の迫力。

を散策するか、あるいは、台北市立美術館《タイペイシーリーメイシュウグアン》から『圓山大飯店《ユァンシャンダーファンディエン》』で高みの台北見物をするかを相談。よりまったりできる方を選ぶ。

15:00〜

タクシーで台北市立美術館へ。落ち着いた雰囲気の中、質の高い現代アート群を満喫。広くて空いているし、ここは何度訪れても飽きることがない。

美術館前から再びタクシーを拾い、基隆河《ジーロンファ》の向こうにそびえる『圓山大飯店』へ。またたく間に到着する。約1kmとたいして距離はないが、小高い剣潭山《ジャンタンシャン》に立つここは、徒歩だとかなり行きづらいので仕方がない。

中国大陸の建築様式をそのまま持ち込んだ朱色の巨大ホテルは、間近でみるとド迫力のコテコテ感に圧倒される。泊まる気にはなれないけど一度は訪れてみていい。またここは、台北における風水の要衝でもあり、下方に台北中心部の街並みが一望できる。足下に広がる風景とホテル内部も見物、タクシーで最寄りの圓山《ユァンシャン》駅に向かい、MRTで宿に戻ってチェックインする。

17:30〜

夕飯までまだ余裕がある。疲れたぁ、というツマをホテルに残し、出来心で龍山寺《ロンシャンスー》駅に近い、

5. 國立台湾博物館は外観から威厳たっぷり。6. 博物館裏手の二二八和平公園でひと息つける。7. 圓山大飯店は巨大すぎて笑えてくるほど。8. 土銀展示館の恐竜。元銀行の空間と結構マッチしていた。

華西街観光夜市《ファシージェイエシー》に出かけてみる。昼と同じルートで西門駅まで出て、板南線《バンナンシェン》で乗り換えてひと駅、約20分。

夜市にはあまり興味がないけれど、華西街観光夜市はオモロかった。龍山寺駅の北方、露店の並ぶ先に、横濱中華街を想起させる極彩色のアーチが立ち、アーケード型の夜市がまっすぐ続いている。普通の飲食・雑貨店に混ざって、あやしいヘビ・スッポンの店、軽いピンク系の店も混ざりこみ、土着風味たっぷりな場末感がオジサン的感性を刺激する。

19：30〜

MRTで市内中心部に引き返し、松江南京駅《ソンジャンナンジン》で待ち合わせていたツマと、高級素食の『養心茶楼《ヤンシンチャーロウ》』（57ページ）で夕食。EZTABLEという台湾のレストラン予約サービスを試しに使い、東京からネット予約しておいた。席が取れていてほっとする。

肉類を使っていないのが信じられない、盛りつけも見事な台湾精進料理を満喫し、徒歩圏内にある『千里行《チェンリーシン》』（99ページ）で足裏マッサージを受ける。

心身ともに軽くなったところで、ホテルのある隣駅まで夜の散歩。南京東路《ナンジンドンルー》の大通りをはさんでホテルの向かい側にあるアメリカーンな雰囲気の『Gordon Biersch』（71ページ）の台北敦北店《タイペイドゥンベイ》でクラフトビールをあおり、つまみも少々。ホテルに戻り、23時すぎに就寝。

2日目

8：00〜

少し寝坊して、ホテルの朝食ビュッフェでコーヒーだけ飲んで出発。Simple + Hotel の周りには、テイクアウトもできる朝食用の店が並び、よりどりみどりなのだけどあえて振り切り、MRTで府中《フーチョン》駅へ。黄石市場《ファンシーシーチャン》（92ページ）でテキトーな店に潜り込み朝食、林家花園《リンヂャファユエン》もついでに見学する。

ふたたびMRTで西門駅近くの『smith&hsu 衡陽店』（72ページ）へ。開店の10時直後は空いていて待たされることもない。お茶と、フルーツを加味したサンドイッチもつい注文、パン生地から美味。台湾での食べ歩きは、現地目線で台湾料理以外のものにも手を出すと、それだけで選択の幅が結構広がる。

さらに、すぐそばの國立台湾博物館《グオリータイワンボーウーグアン》の付属施設、土銀展示館《トゥインヂャンシーグアン》へ。戦前、日本勧業銀行の台北支店（戦後は台湾土地銀行）だった重厚な洋館を利用した博物館だ。1階奥には、当時の巨大金庫室が銀行時代の歴史を語る展示室になっていて、本物の金庫内部の様子を見学できる。残りのスペースでは、原寸大の恐竜の化石レプリカを展示。銀行時代のレリーフの残る高い天井を背景にティラノサウルスら巨大恐竜がそびえる。銀行と恐竜、不思議な取り合わせの妙。

向かい、二二八和平公園に立つ同博物館本館も戦前の築で、豪華な造りがすばらしい。館内にカフェスペースもあるが、先ほどお茶したばかりなのでパス。

ここまで来たら、台大醫院《タイダーイーユアン》駅からMRTで東門《ドンメン》駅へ。駅前の雑踏をぶらつきながら、永康街《ヨンカンジェ》をひたすら南下、12時の開店時間を見計らい『樂朋小館《ラアポンシャオグアン》 BISTRO LE PONT』（57ページ）で昼めし。

13：30〜

永康街は、『樂朋小館 BISTRO LE PONT』のすぐ先で國立台灣師範大學《グオリィタイワンシーファンダーシュエ》にぶつかって行き止まり。構内をすいませんねと通り抜け（庭がキレイ）て、和《フォ》平東路《ピンドンルー》を渡り、向かいの師大路《シーダールー》に入る。学生街らしい地元感がツボ。若人向けの気になる雑貨・飲食ゾーンもあるが通り過ぎ、大交差点にある台電大樓《タイデンダーロウ》駅へ。

旅程に余裕がなければ、MRTで2駅先の公館駅に向かうところだが、時間があるのでさらに歩く。羅斯福路《ルウオスーフールー》と辛亥路《シンハイルー》の大交差点を越え、一つめの横断歩道の手前を左に入る。南国の緑あふれる小さな温州公園《ウエンヂョウゴンユエン》を過ぎると、台灣大學《タイワンダーシュエ》前にハイブロウな気配がほんのり漂う喫茶街がある。地図で見るより遠い感じはしない。渋喫茶の『雪可屋咖啡茶館《シュエカーウーカーフェイチャグアン》』（74ページ）で、ジャズと極上のコーヒー。真夏の白日夢のようなひとときを過ごす。

散歩の足を休めたところで、本日の目玉、『寶藏巖國際藝術村《バオツァンイエングオジーユンシュツォン》』（45ページ）へ向かう。

16：00～

このあたりからすぐの公館駅を通り過ぎ、歩いて30分とかからず『寶藏巖國際藝術村』に到着。小高い丘に迷路状に連なる古い家屋。そこでアーティストたちが暮らしながら作品を展示・販売している。さしてアートに興味がなかろうと、ボヘミアンな雰囲気と広い空、眼下の新店渓《シンディエンシー》の運河風景が都市にいることをしばし忘れさせてくれる。台北の都心部でこの開放感は得難い。

今回も、観光地的喧騒とはなるべく距離を置く台北散策とあいなった。こういう選択もできるところが台北の懐の広さ。

藝術村を下山、麓すぐの場所にある『舊漫窯烤蔥油餅《ジウマンヤオカオツォンヨウビン》』（52ページ）で焼きたての蔥油餅（ネギ入りの薄焼き餅）をテイクアウト。はふはふ食べ歩きながらMRTでホテルへ戻る。

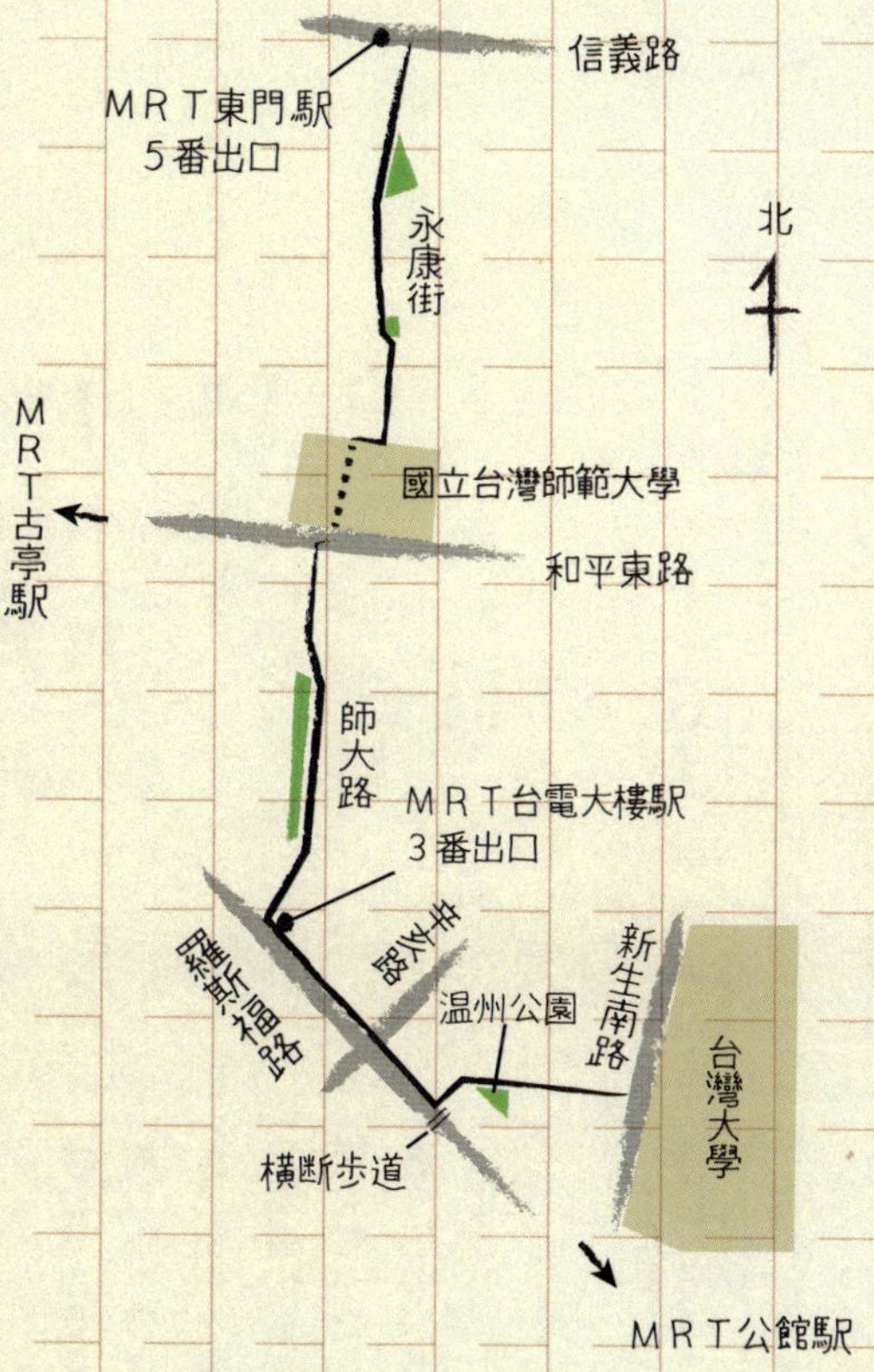

[台北]

●朱記餡餅粥店（遠東百貨店）
台北市中正區寶慶路 32 號 B1
www.zhuji.com.tw/　MAP P155 C-1

● GordonBiersch 台北敦北店
台北市松山區敦化北路 102 號　MAP P154 B-3

●國立台湾博物館・土銀展示館
台北市中正区台北市館前路 46 號
www.ntm.gov.tw/tw/　MAP P155 C-1

台湾さんぽ
実録
ケーススタディ

CASE STUDY
4

日月潭
リゾート編

忘我のホテルステイと珍味チョウザメ料理

台湾のほぼ中心部、山間にある台湾最大（周囲約37㎞）の淡水湖。国立風景区に指定されている風光明媚な台湾屈指の名所。この地に暮らす原住民関連の観光スポットもある。高地で涼しく、水面を霧がたなびく幽玄とした様も美しい。湖岸に蒋介石の別荘があったことでも知られ、その跡地に立つのがホテル『ザ・ラルー（涵碧樓）』である。

1日目

14：00～

台湾新幹線に乗り、高鉄台中駅に到着。

我々夫婦に加え、日月潭に『ザ・ラルー』なる世界的建築家ケリー・ヒル設計のホテルがあると知り、「お、それ観たいな、行きましょう」といろめきたった友人の建築家K崎氏（38ページ）を加えての3人旅である。建築家の猛プッシュが入るぐらいなんだから体験しとこうか、とツマが多少は安く泊まれる予約サイトを探し、台湾へと繰り出した。

高鉄台中駅の地下1階タクシー乗り場から、タクシーで日月潭へ。日月潭へは路線バスも出ているが、終点の『ザ・ラルー』は急坂の上、歩いて10分ぐらいのところにある。荷物があると徒歩ではきつい。

フロント横に伸びる通路状ロビーは自然に外のテラス席へつながる。流れるような動線が持ち味のひとつ。霧たなびく日月潭の美景を客室から眺め、夜は暖炉の前でだらしなくくつろぐ、ああ極楽。

坂の下までくる送迎車もあるが手続きが面倒だし、ゴージャスなホテルに行くんだから、タクシーでいいじゃんとなった次第。3人で割り勘できるし。

ちなみに帰りは、ホテルの有料送迎車サービスで高鉄台中駅まで戻ったが、行きのタクシーの方が安くついた。

3人の乗った車は、間もなく山中に入り、斜面をひたすら登っていく。前方に霧が立ちこめ、幽遠とした気配が漂っている。約1時間ほどで、道路の向こうに山に囲まれた日月潭の湖水がさっと開けた。湖沿いに車は進み、急な坂の上のホテルへ到着。

15:00〜

『ザ・ラルー』は、湖に突き出した半島風の高台突き当たりの崖に、溶け込むように控えめに立っていた。

まず正面に見えるのは、1階建ての平屋のようなフロントのみ。実はここを最上階として、客室や施設の大半は下層階は崖伝いに配置されているのだ。

客室は、使い勝手を熟慮した快適ゆったりの全室スイートルームで、専用バルコニーから視界を邪魔するものなく、日月潭の湖が一望できる。高地ゆえ冬場は夜冷えるので、部屋に暖炉まで付いている。もはや台湾ではございません。

ガイドブックなどから、日月潭はなんとなく大自然に抱かれた鄙びた秘境なのだろうと勝手に想像していたのだが、その実は周辺に土産物屋とリーズナブルな宿が並ぶベタな観光地だった。関東でいえば山中湖あたりの感じ。どうしても風光明媚で静観な風景を追い求めたいのであれば、そんな俗世に背を向け、しかるべきホテルにこもるしかない。『ザ・ラルー』に泊まるか否かで、日月潭に対する印象は大きく異なることだろう。

　荷を解いて、建築家の説明付きでホテル内部をまわる。シンプルかつ水平軸を強調した造形美は、シロートの我々にも痛いほど理解できる。

　ひと気のない晩秋のプールサイドで、湖の水平線と一体化した水面を風がゆらすのを、リクライニングチェアに身をあずけ、ぼんやり眺める。

気取りのない店に、席は大きいテーブル席のみ。本来は大勢で食す料理らしい。一見不気味なチョウザメ君だが、味はウナギだってね。

17:30〜

フロントで予約、というか、店が開いていることを確認してもらい、タクシーで夕食へ向かう。

『ザ・ラルー』は居心地バツグンではあるものの、事前に調べた限り、食事はイマイチ肌に合いそうになかった。そもそもホテル料理は、席料の分だけ値段も張る。結局ホテルでは朝食のビュッフェを軽く口にしただけだったから、実際の所はわからないけれど。

　ともかく夕食に関しては、冒険しようじゃないのと、現地ならではの味を求めて外界に飛び出した。

　我々が向かったのは、およそ観光客とは無縁そうなディープな店。ぶっ壊れた日本語を明るくしゃべる運転手さんの車に揺られ、日月潭を離れて山道を北方へ向かう。日の暮れた山道は真っ暗で、車のライトの照らす前方には一向に店らしきものは見えてこない。寡黙な山道をぐねぐね進むこと約20分。3人ともかなり心細くなった頃、タクシーが、赤い看板の立つ敷地に滑り込んだ。『鱘園美食餐廳《シュンユエンメイシーツァイティン》』に到着である。

　ここは活きの良い鱘龍魚《シュンロンユイ》料理の専門店。「鱘龍魚」とはチョウザメ、キャビアの採れるあの魚だ。海水魚かと思ったら淡水魚もいる、太古から「皇帝の魚」と称され、台湾ではめでたい席などで賞味するご馳

キレイに盛りつけ現れたチョウザメ料理のひと皿。さばきたてのぷりぷりの身が美味。漢方食材が隠し味の締めのスープも滋味に富んでいる。

走、卵=キャビアは食さず身を平らげる、ということらしい（ただし、台北っ子のW老師に訊ねたら、チョウザメなんか見たこともないですよ何それ、と気味悪がられた。珍味の部類の様子。まあいいや）。

この店では、その鱘龍魚を水質の良い山中を選んで養殖している。人里離れた場所にあるのも、環境を優先してのこと。現に店の横奥に、子供用プールぐらいの浅くて四角い養殖池が控えている。

食堂の入り口横にカウンターがあり、店主らしきオジサンに你好《ニーハオ》と挨拶。

注文の仕方が変わっている。チョウザメ料理は、基本、1人1000元、3人なら3000元で人数分相当のサイズのチョウザメが食べられるというものだった。カウンターのメニューに記された写真入りの調理法から数種、好みで選ぶ。揚げたり、炒めたり、鍋に刺し身まで17種類、わからない料理も多いので、見た目で選ぶしかない。

食欲のおもむくまま4種類選び、野菜料理を追加して注文完了、食堂に入る。中は広々とした集会所風で、室内に8人掛けの丸卓が並んでいる。客は我々のみ。入り口付近の席の辺りだけ灯りを点けている。

あとで調べたら、夜は19時までと店じまいが早く、昼間に大人数でどっとくりこんで食べていくのが、本来のスタイルらしかった。ホテルで予約したので開けて待ってくれていたご様子、申し訳ないです。

壁際のガラス棚から冷えた台湾啤酒を持ち出して乾盃。すると、外で主が呼んでいる。出てみると養殖池の前でチョウザメをにこやかに抱えていた。思ったよりデカくて黒く、生きた化石とも言われるだけあって面構えがごつい。もがくチョウザメを床に置き、写真撮るならどうぞと身振りで店主。謝謝《シェシェ》と礼を言って撮っていると、子犬が目ざとく近づいてきた。チョウザメにしゃぶりつこうとする子犬を主が笑ってはたく。味を知っているのだ。

「どんな味かさっぱり見当がつきませんね」「えええさっぱりです」「料理の出来がさっぱりだとイヤだわ」などとビールを酌み交わし談笑しているうちに、山菜の炒め物（素朴で美味）に続いて、さばきたてのチョウザメ料理が次々と大皿で運ばれて来た。

まずは、皮を湯がいて甘酸っぱいソースで和えたもの。鰹節がふりかけてある。皮は硬すぎず柔らかすぎずの独特のプリプリ感で心地よく、臭みなど一切なく上品な味わい。

「う〜む」思わず3人で顔を見合わせて、にんまりとなる。大アタリである。チョウザメ料理は、台湾ショウガと地物ハーブが隠し味の炒め物、揚げ物に甘酢の酢豚風の一品と続く。味付け、盛り付けもなかなかだし、何といっても魚の白身が実にウマい。引き締まっていてクセがなく、食感、味ともに上々である。隅に置かれた大きなジャーからご飯をセルフでよそい、食い合わせるラフさもまたよし。
最後が、クコの実やナツメをたっぷり投入した薬膳風の鍋。軟骨のヒレ部分のほろっとした食感も美味しく、満腹寸前の腹を、滋味に富んだスープがすっとまとめてくれる。夢中で喰らい、迎えに来たタクシーでホテルへ戻る。

21:00〜

夕食の興奮醒めやらぬまま、ホテルのロビーでコーヒーを飲んでいると、女性スタッフがにこやかに小ぶりなチョコレートケーキを運んできた。預けたパスポートで、K崎氏が今日誕生日と知り、サービスしてくれたのだ。
「はは、すっかり忘れてました」とK崎氏。
お味の方は、可もなく不可もなくだったが、小粋なサプライズであった。ホテルのこと、街並みの印象等々台湾のことをとりとめもなく語り合い、23時すぎに解散。

23:00〜

「あら……」部屋に戻って前方の窓を見たツマが声を上げる。
バルコニーのテーブルの四角い照明に火が灯してある。さりげなく外の湖畔の風景へと誘う、ホテルの演出だ。導かれるまま外に出て、夜景に目をやる。
台湾であっても、訪れた11月の山の夜は肌寒い。
部屋に戻り、湯を浴びて暖炉の火をつけてぼんやり。身体が火照ると、バルコニーに出てふたたび静寂に満ちた夜景に目をやる。日常とまったく隔絶した音のない世界で、かつてない程のリラックス感を覚えつつ眠る。

2日目

8:00〜

湖畔沿いの遊歩道を散策。台中へ移動する予定だったので、日月潭探索は次の機会にゆずり、車でホテルを後にした。再度訪れるにしても、それは日月潭が一番の目的ではなく、このホテルでのひとときを過ごすためだろう。

［日月潭］

●鱘園美食餐廳
南投縣魚池鄉東光村水尾巷30號
www.135travel.com/market/tpl02/a0492880059.php
MAP P152 B-4

台湾全図
鹿児島
上海
日本
中華人民共和国
東シナ海
奄美大島
那覇
沖縄
台湾海峡
厦門
金門島
台北
台湾
宮古島
石垣島
西表島
高雄
太平洋
ルソン海峡
フィリピン
ルソン島
N
0
200km
陽明山
淡水
台北
九份
台湾桃園国際空港
桃園駅
台北
猫空
府中駅
宜蘭
新竹駅
中山高速公路
宜蘭線
西部幹線(海線)
西部幹線(山線)
雪山山脈
蘇花公路
台湾海峡
東西横貫公路
中央山脈
台中
鹿港
(P26)
台中駅
ザ・ラルー(涵碧樓大飯店)
(P116,146)
鱒園美食餐廳(P148)
花蓮
彰化駅
(工事中)
日月潭
雲林駅
(工事中)
東部幹線
花東公路(海線)
玉山山脈
阿里山
玉山
嘉義駅
嘉義
花東公路(山線)
澎湖諸島
中山高速公路
南部横貫公路
珊瑚潭
中央山脈
台南
台南駅
岡山
台東
太平洋
左營駅
高雄
綠島
琉球嶼
蘭嶼
N
0
20km
A
B
C
D
3
4

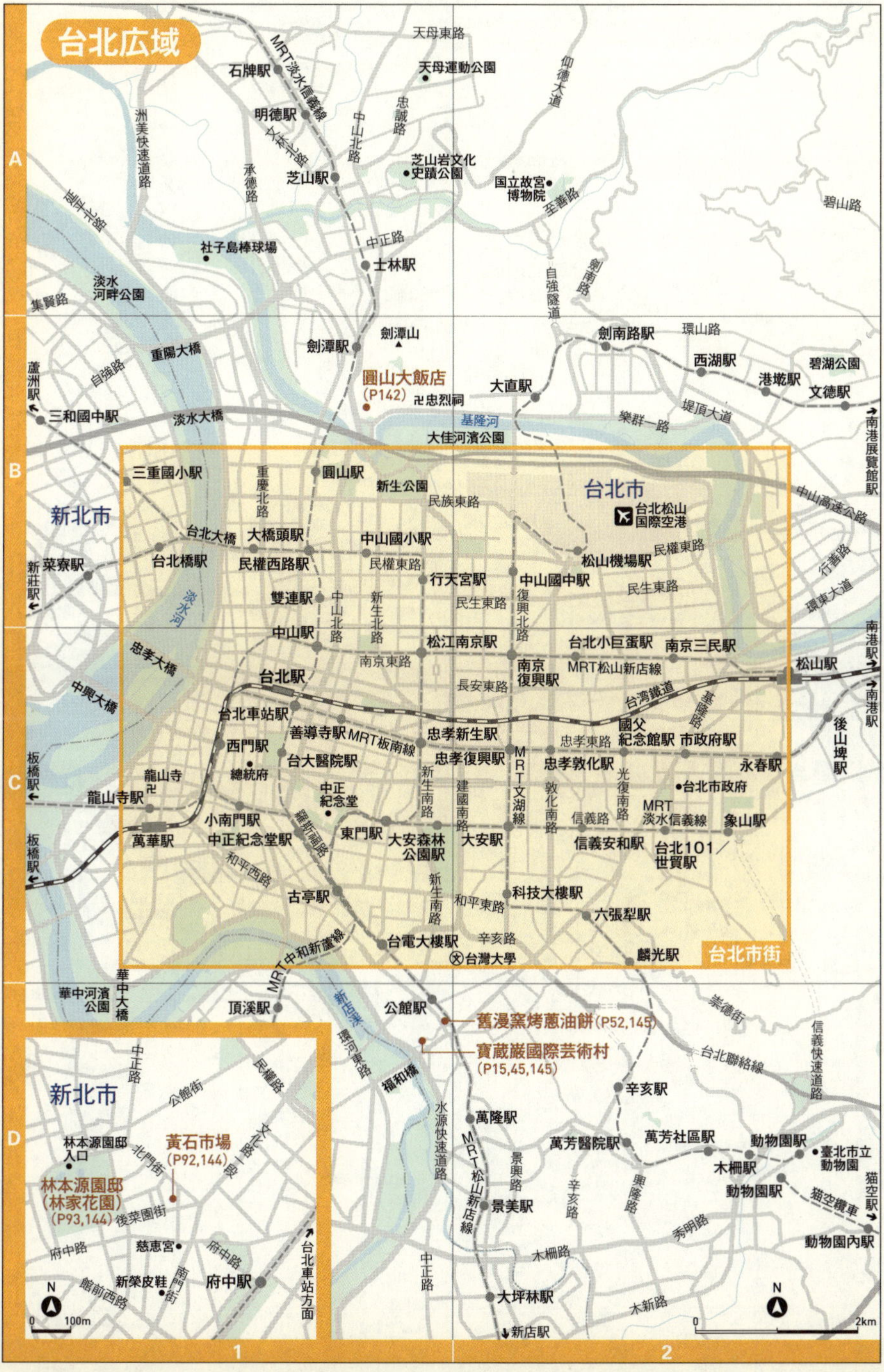
台北広域
天母東路
MRT淡水信義線
石牌駅
天母運動公園
明徳駅
仰徳大道
洲美快速道路
忠誠路
中山北路
承徳路
芝山駅
芝山岩文化史蹟公園
国立故宮博物院
至善路
碧山路
中正路
社子島棒球場
士林駅
剣南路
自強隧道
淡水河畔公園
集賢路
剣潭駅
剣潭山
剣南路駅
環山路
重陽大橋
圓山大飯店
(P142)
忠烈祠
大直駅
西湖駅
碧湖公園
港墘駅
文徳駅
蘆洲駅
自強路
三和國中駅
淡水大橋
基隆河
大佳河濱公園
樂群一路
堤頂大道
南港展覽館駅
三重國小駅
圓山駅
重慶北路
新生公園
台北市
民族東路
台北松山国際空港
中山高速公路
新北市
台北大橋
大橋頭駅
中山國小駅
民權東路
台北橋駅
民權西路駅
民權東路
松山機場駅
行善路
菜寮駅
行天宮駅
中山國中駅
民生東路
新莊駅
雙連駅
中山北路
新生北路
民生東路
復興北路
環東大道
淡水河
中山駅
松江南京駅
台北小巨蛋駅
南京三民駅
南港駅
忠孝大橋
台北駅
南京東路
南京復興駅
MRT松山新店線
松山駅
中興大橋
長安東路
台湾鐵道
基隆路
南港駅
台北車站駅
善導寺駅
MRT板南線
忠孝新生駅
國父紀念館駅
市政府駅
後山埤駅
西門駅
忠孝東路
忠孝復興駅
忠孝敦化駅
永春駅
板橋駅
龍山寺
總統府
台大醫院駅
新生南路
建國南路
MRT文湖線
敦化南路
光復南路
台北市政府
中正紀念堂
龍山寺駅
MRT淡水信義線
小南門駅
羅斯福路
信義路
象山駅
萬華駅
中正紀念堂駅
東門駅
大安森林公園駅
大安駅
信義安和駅
台北101／世貿駅
板橋駅
和平西路
古亭駅
新生南路
和平東路
科技大樓駅
六張犁駅
MRT中和新蘆線
台電大樓駅
辛亥路
台灣大學
麟光駅
台北市街
華中河濱公園
華中大橋
頂溪駅
新店溪
公館駅
崇德街
舊漫窯烤蔥油餅(P52,145)
寶藏巖國際芸術村
(P15,45,145)
環河東路
信義快速道路
台北聯絡線
福和橋
辛亥駅
水源快速道路
萬隆駅
MRT松山新店線
萬芳醫院駅
萬芳社區駅
動物園駅
臺北市立動物園
景興路
辛亥路
興隆路
木柵駅
動物園駅
猫空駅
景美駅
猫空纜車
秀明路
動物園內駅
木柵路
中正路
大坪林駅
木新路
新店駅
N
0 2km
1
2
新北市
中正路
公館街
民權路
文化路二段
林本源園邸入口
北門街
黃石市場
(P92,144)
林本源園邸(林家花園)
(P93,144)
後菜園街
府中路
慈惠宮
府中路
館前西路
新榮皮鞋
南門街
府中駅
台北車站方面
N
0 100m

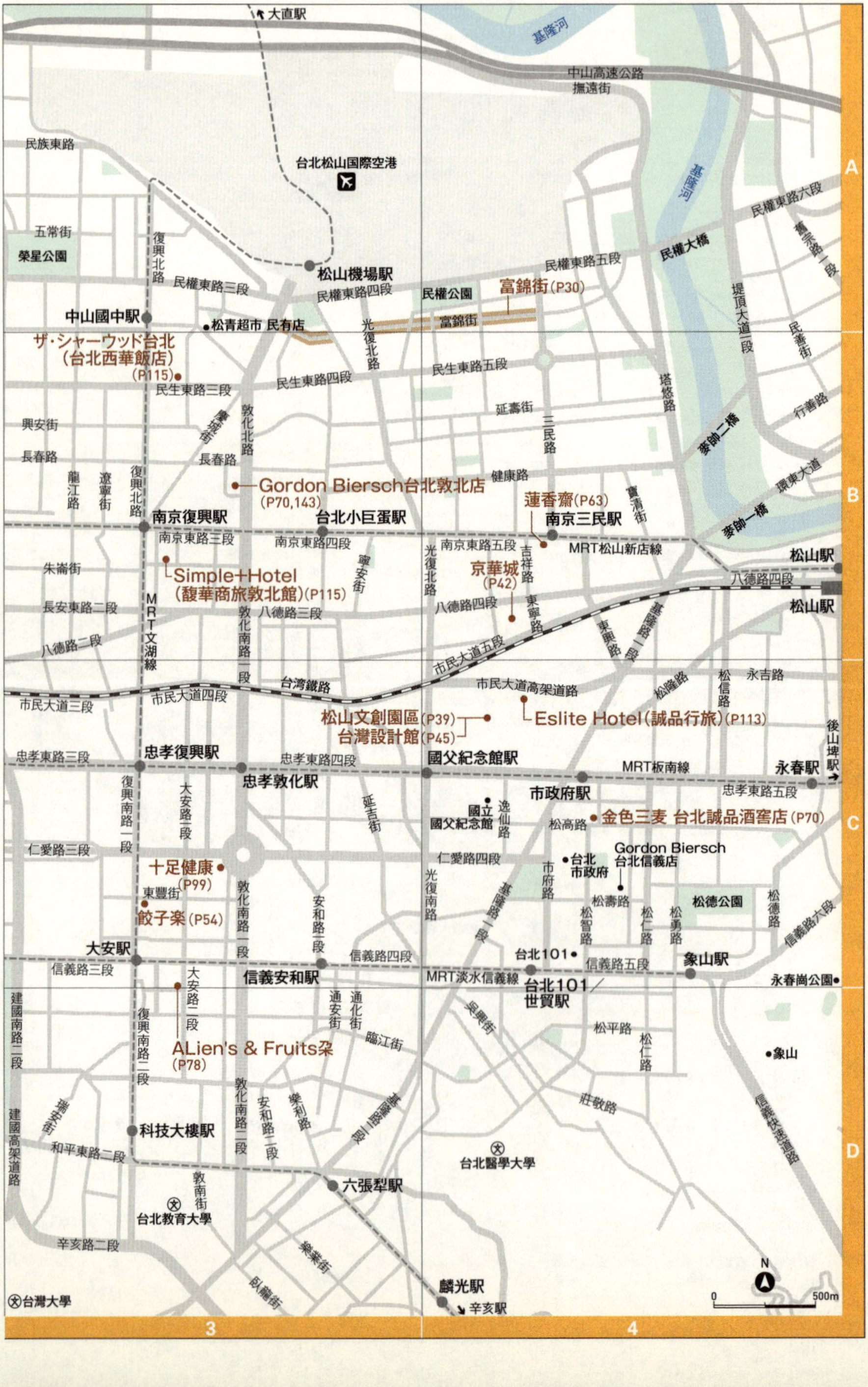
大直駅
基隆河
中山高速公路
撫遠街
民族東路
台北松山国際空港
基隆河
民權東路六段
五常街
榮星公園
復興北路
民權大橋
民權東路五段
松山機場駅
民權東路三段
民權東路四段
民權公園
富錦街(P30)
堤頂大道二段
中山國中駅
松青超市 民有店
富錦街
光復北路
民善街
ザ・シャーウッド台北
(台北西華飯店)
(P115)
民生東路五段
民生東路三段
民生東路四段
塔悠路
延壽街
行善路
興安街
慶城街
敦化北路
三民路
麥帥二橋
長春路
長春路
健康路
環東大道
龍江路
遼寧街
復興北路
Gordon Biersch台北敦北店
(P70,143)
蓮香齋(P63)
實踐街
南京復興駅
台北小巨蛋駅
南京三民駅
麥帥一橋
南京東路三段
南京東路四段
南京東路五段
吉祥路
MRT松山新店線
松山駅
朱崙街
Simple+Hotel
(馥華商旅敦北館)(P115)
寧安街
光復北路
京華城
(P42)
八德路四段
長安東路二段
八德路三段
八德路四段
東寧路
松山駅
MRT文湖線
敦化南路一段
市民大道五段
東興路
基隆路一段
八德路二段
台湾鐵路
市民大道高架道路
松隆路
松信路
永吉路
市民大道三段
市民大道四段
松山文創園區(P39)
台灣設計館(P45)
Eslite Hotel(誠品行旅)(P113)
後山埤駅
忠孝東路三段
忠孝復興駅
忠孝東路四段
國父紀念館駅
MRT板南線
永春駅
忠孝敦化駅
市政府駅
忠孝東路五段
復興南路一段
大安路一段
延吉街
國立國父紀念館
逸仙路
松高路
金色三麦 台北誠品酒窖店(P70)
仁愛路三段
仁愛路四段
Gordon Biersch
台北信義店
台北市政府
十足健康
(P99)
東豐街
光復南路
市府路
松壽路
松德公園
松德路
餃子楽(P54)
安和路一段
基隆路二段
松智路
松仁路
松勇路
信義路六段
大安駅
信義路四段
台北101
信義路五段
象山駅
信義路三段
信義安和駅
MRT淡水信義線
台北101／世貿駅
永春崗公園
建國南路二段
大安路二段
通安街
通化街
吳興街
松平路
松仁路
復興南路二段
臨江街
ALien's & Fruits朶
(P78)
象山
莊敬路
瑞安街
敦化南路二段
安和路二段
樂利路
基隆路二段
信義快速道路
建國高架道路
科技大樓駅
和平東路二段
台北醫學大學
敦南街
六張犁駅
台北教育大學
辛亥路二段
樂業街
臥龍街
麟光駅
辛亥駅
台灣大學
N
0
500m
A
B
C
D
3
4

154

台北市街
三重國小駅
三和國中駅
新北市
台北橋駅
台北大橋
菜寮駅
大橋頭駅
民權西路駅
圓山駅
劍潭駅
MRT淡水信義線
台北市立美術館
(P42,142)
中山美術公園
新生公園
濱江街
中山北路三段
新生高架道路
民族西路
環河北路二段
重慶北路三段
承德路三段
德惠街
晴光市場
(P92)
農安街
新生北路三段
中山國小駅
民權東路一段
民權東路二段
松江路
建國高架道路
吉林路
錦州街
行天宮駅
迪化街一段
延平北路二段
重慶北路二段
承德路二段
迪化街(P26)
保安街
保安捌肆(P74,141)
大稻埕碼頭
(P141)
民生西路
雙連駅
民生東路一段
民生東路二段
中山北路二段
ホテル・コッツィ
(和逸台北民生館)
建國北路二段
赤峰街(P90)
寧夏路
淡水河
サンワン台北レジデンス
(神旺商務酒店)
(P113)
養心茶楼
(P57,143)
長春路
四平街
南京西路
中山駅
林森公園
南京東路一段
南京東路二段
松江南京駅
61 NOTE
(P90)
承德路一段
塔城街
延平北路一段
重慶北路一段
忠孝大橋
長安西路
中山北路一段
吉林路
千里行
(P99)
北門駅
パレ・デ・シンホテル
(台北君品酒店)
(P115)
長安東路一段
市民大道一段
市民大道二段
忠孝西路二段
新生北路一段
建國北路一段
明德素食園 台北駅店
(P66)
台北駅
台北車站駅
中興大橋
延平南路
東一排骨總店
(P53,141)
忠孝東路一段
善導寺駅
台湾鐵路
武昌街一段
國立台灣博物館・土銀展示館(P142)
忠孝東路二段
環河南北快速道路
西寧南路
昆明街
康定路
成都路
台湾鐵路・台湾高速鐵路
西門駅
衡陽路
襄陽路
二二八和平公園
公園路
華山1914文化創意產業園區
(P44)
忠孝新生駅
中山南路
徐州路
林森南路
懷寧街
台大醫院駅
濟南路二段
濟南路三段
新生南路一段
長沙街二段
中華路一段
總統府
國立台灣博物館(P142)
銅山路
華西街觀光夜市
桂林路
龍山寺
博愛路
重慶南路一段
smith&hsu 衡陽店
(P10,72)
仁愛路一段
仁愛路二段
廣州街
台北市立大學
信義路一段
金山南路一段
愛國西路
東門市場
(P92)
龍山寺駅
小南門駅
中正紀念堂
東門駅
大安森林公園駅
愛國東路
杭州南路一段
萬華駅
艋舺大道
板橋駅
中正紀念堂駅
國立歷史博物館
南門市場
(P92)
朱記餡餅粥店
遠東百貨寶慶店
(P141)
南海路
重慶南路二段
南昌路一段
愛國東路
金華街
永康街
大安森林公園
西藏路
和平西路二段
牯嶺街
潮州街
羅斯福路二段
金山南路二段
麗水街
新生南路二段
萬大路
國興路
重慶南路三段
牯嶺街
(P30)
青田街七巷
樂朋小館
BISTRO
LE PONT
(P8,57,144)
國立台灣師範大學
和平東路一段
古亭駅
師大路
雪可屋咖啡茶館
Shake House
(P11,74)
青年路
青年公園
水源路
河堤公園
新店溪
MRT松山新店線
辛亥路一段
溫州街
新生南路三段
中正橋
MRT中和新蘆線
台電大樓駅
頂溪駅
公館駅
A
B
C
D
1
2

台中周辺
↑新竹駅
↑新竹駅
快官霧峰線
台湾高速鐵路
中山高速公路
黎明路三段
中清路二段
松竹路三段
十分粥道
(P59,138)
梅川東路五段
松竹路二段
台灣大道四段
河南路二段
崇德路二段
台湾鐵路
旱溪
軍功路二段
台中市街
文心路三段
中清路一段
進化北路
健行路
太原駅
軍功路一段
太原路三段
忠勇路
五權西路三段
向上路五段
快官霧峰線
市政路
國立自然科學博物館
勤美術館
文心路一段
忠明南路
台中市
五權路
精武路
國立台灣美術館
五權西路二段
東光路
樹德路
快官霧峰線
大里溪
祥順路一段
建國路
台中駅
樂業路
東平路
振興路
台中環線
↓台中駅
↙嘉義駅
N
0
2km
A

台中市街
甘肅路二段
文心路三段
山西路二段
文心路四段
青海路二段
重慶路
東興路
漢口路三段
中清路一段
漢口路四段
崇德路一段
昌平路一段
河南路三段
麻園頭溪
西屯路二段
太原路三段
台中国家歌劇院
(P39,138)
台灣大道二段(台中港路二段)
忠明路
進化北路
北屯路
太原路一段
台中市政府
梅亭街
大容東街
大墩十九街
市政北一路
市政路
國立自然科學博物館
植物園
健行路
寶覺禪寺
卍
B
義式厨房コバン
(P138)
小器生活道具
(P89,138)
精誠路
台灣大道二段(台中港路一段)
勤美術館(P48,134)
中正公園
春不老足湯養生館(P99,136)
家楽福
實心裡生活什物店(P138)
生活起物
(P86)
路德威手工啤酒餐廳(P70,136)
卍孔子廟
無為草堂(P60,134)
公益路二段
范特喜街(P134)
誠品書店 中友百貨支店
(P14,41)
育才北路
雙十路二段
進化路
勤美 誠品綠園道
公益路
三民路三段
體育館
無老鍋 本店
(P59,134)
東興路三段
忠明南路
台中市民廣場
ホテル・ワン(亜緻大飯店)
(P116,133)
公正路
惠中路三段
中興街
英才路
模範街
民權路
棒球場
向上路二段
文心路一段
成功路
台灣大道一段(中正路)
中華路一段
小北百貨 成功店
(P85)
精武路
進德路
文心森林公園
向上南路一段
無藏茗茶(P21,134)
綠光計畫(P134)
中山路
民族路
五權路
民權路
自由路
台中公園
南天宮
(P137)
春水堂 經國店(P137)
民生路
大墩
國立台灣美術館
(P47,133)
第一広場(P137)
青草街(P31)
光復路
自由路三段
五權西路二段
民生路
REDPOINT
(紅點文旅)
(P116)
第二市場 沁園春
(P93) (P133)
統聯客運バスターミナル
五權西路一段
洪瑞珍
(P54,138)
飛狗バスターミナル
南京路
新竹駅
C
上田美術(P134)
Zspace(P47)
四維路
三民路二段
市府路
復興路
林森路
綠川
繼光街
國光客運バスターミナル
南屯路二段
美村路一段
台中駅
永春東路
春水堂 春水堂創始店
(P73)
建國路
宮原眼科(P9,77)
台中客運バスターミナル
文心南五路一段
崇倫公園
復興路三段
台中電子街(P31)
豐樂雕塑公園
文心南路
豐富公園
三民西路
台中路
建成路
大智路
台湾鐵路
第三市場(P93)
N
0
500m
三民西路二段
台中文化創意產業園區(P93)
CAFE SOLE 台中酒廠店(P94)
嘉義駅
3
4

台南周辺
台南市街
嘉義駅
大橋駅
中華北路二段
西海岸活蝦之家（P59）
育德二路
文賢路
台南花園夜市
南横公路
忠孝路
台南市
嘉南大圳排水線
四草漁港
四草大道
安平樹屋
延平街（P27）
鹽水溪
和緯路五段
安南路二段
安平路
慶平路
安北路
台南駅
小東路
林森路二段
中華東路一段
中山路
永華路二段
安平港
光州路
漁光島
健康路三段
建平路
金華路二段
府前路一段
健康路一段
裕農路
東門路二段
中山高速公路
裕信路
台灣鐵路
中華東路二段
漁光路
毛屋（P127）
鯤鯓湖
新樂路
中華西路一段
西門路一段
安平新港
高雄駅
0 2km
文賢路
海安路三段
臨安路二段
光賢街
台南武聖夜市
公園北路
郭柏川紀念館
臺南公園
北門路二段
西門路三段
兌悅門（P29）
兩倆（P48,130）
公園南路
康樂街
西和路
臨安路一段
文賢路
信義街（P31,130）
シャングリ・ラ ファーイースタンプラザホテル台南（香格里拉台南遠東國際大飯店）（P115）
自強街
前鋒路
中華西路二段
民族路三段
忠義路三段
有方公寓（P126）
永樂市場（P94）
阿村牛肉湯第二（P54）
北區公所
成功路
成功大學
大觀音亭
神農街（P31,130）
民權路三段
金華路四段
海安路二段
赤崁樓
赤崁東街
赤崁擔仔麵（P54）
西門圓環
台南駅
大學路西段
民生路二段
台南運河
台南大天后宮
祀典武廟
上海華都小吃點心城（P55,130）
呉園
育樂街
府前一街
民生路二段
國華街三段
新美街
民權路二段
B.B.ART（P49）
民族路二段
公園路
中山路
新光三越 台南中山店
民族路一段
正興街
彩虹來了（P87,129）
正興咖啡館（P126）
再發號肉粽
民生路一段
旅.日.人_松井家日式民宿（P35）
西門市場
淺草青春新天地（P129）
康樂街
西門路二段
中正路
永福路二段
忠義路二段
消防署
湯德章紀念公園
台灣府城隍廟
府前路二段
康樂市場
中西區公所
前鋒路
青年路
自信の一杯（P73）
永華一街
萬昌街
北門路一段
度小月（P54）
DOU Maison（P49）
運動公園
民權路一段
台南市議會
金華路三段
大勇街
海安路一段
林百貨（P19,37,86,130）
臺南孔子廟
新樓街
福樓（P10,58）
府前路一段
東門圓環
彌陀寺
永華路一段
和意路
大億ランディスホテル（大億麗緻酒店）（P117）
延平郡王祠（開山王廟）
鄧老師脚底按摩養生館（永華店）（P98,130）
新光三越 台南新天地店
樹林街二段
南門路
大同路一段
樹林街一段
水萍塭公園
文南路
樹林街二段
中華西路一段
建南路
西門路一段
南寧路
永福路一段
忠義路一段
國立台南大學
府連路
台灣鐵路
金華路一段
夏林路
國華街一段
慶中街
五妃街
五妃街
健康路二段
泡脚抓脚足体養生会館（P99）
林森路一段
健康路一段
中正紀念運動公園
0 200m
高雄駅
A
B
C
D
1
2

まず、補足であります。本書で紹介した店などのデータは、住所と電話、それにネット上のアドレス程度しか記されていません。これは散歩の達人POCKETシリーズの表記方法に沿ったもので、お手数ながら営業時間などは調べて付け足す必要があります。まあ、その程度のやる気が生じなければ、訪ねてみても楽しみきれないだろうし、変に賑わいすぎないためのフィルター効果も少しあるということでご容赦をば。この本を手にするほどの方には、無用な言い訳かもしれませんけどね。

あちらの一週間表記は「週一《ヂョウイー》」または「星期一《シンチィイー》」が月曜、以下二《アー》、三《サン》、四《スウ》、五《ウー》と続き「週六《ヂョウリィウ》」「星期六《シンチィリィウ》」が土曜。日曜だけ「週日《ヂョウリィ》」「星期日《シンチィリィ》」です。週一休とあれば月休の意味。これだけ知っていれば、休日も避けられることでしょう。

本書の執筆により毎週、星期一から星期日まで、ようするに毎日台湾漬けの日々となりました。うれしいけど、流行りものに関しては一歩身を引き、通り過ぎるのを待つ方なので、ブーム絶賛到来中の台湾さんについて書くことになるとは思わなんだです。

編集者でもあるツマとのお気楽旅は、オモシロキモノに出合うとつい二人して取材モードに入ってしまうことが多く、台湾に関してもあてもなく積み重なっていた記録がありました。それが活かされることになるとは。人生ムダなしか、何だか少しイヤだ。

本文で紹介した諸々は、実際に食べ歩いて泊まり、使ってみてグッときたものばかりですが、我々夫婦が最も心を掴まれ持っていかれてしまっているのは、台湾人《タイワンレン》の人柄であります。可愛いげがあって親切で、日本と相通ずる倫理観とオープンな心を併せ持つ人が多く、交流を深めたくてニガ手な外国語まで習うに到った次第。今回の本作りも、台湾さんとの交流で生まれた方々の縁に多分に支えられています、謝謝您。

日本勢では、ごちゃごちゃになりがちの旅情報を読みやすく交通整理し、ご夫婦で台南にまで付き合っていただいた編集の新垣奈都子さん、歴戦のプロならではの腕とセンスで大人かわいく仕上げてくださったデザインの斉藤いづみさん、配慮のゆき届いたアドバイスと誤りを指摘していただいた台湾情報のオーソリティー渡辺千晶さん、名まとめ役の土屋広道編集長に大変お世話になりました。お礼申し上げます。

台湾旅仲間の黒崎敏氏との示唆に富む会話と、おっと、相方のツマにももちろん謝謝您であります。それにしてももうちょっと中国語しゃべれるようになりたい。

在寫這本書的路上幫助我的人深深的表示謝意。此到：王韋利老師、張斐喻老師和她的朋友、Jack先生、東泰利先生、多謝。

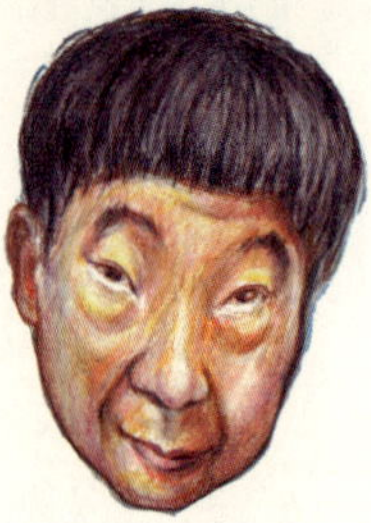

奥谷道草 おくたに　みちくさ

1961年東京生まれのライター兼ゲーム作家。電車通学していた小学校の帰り道以来、道草三昧の生活を送る。東京散歩はもうじき半世紀。月刊『散歩の達人』では中性的センスで雑貨モノ中心に喫茶・エスニック等の企画を取材・執筆。他方、別名義で書籍・雑誌を中心にゲーム・パズル・挿し絵を多く手がけている。台湾には2010年以降夫婦で本格的にハマリ、遠征に備えて共に中国語教室に通う日々。

オモシロはみだし台湾さんぽ

2015年9月16日　第一版発行

著者　奥谷道草（文・撮影・イラスト）

デザイン　斉藤いづみ［rhyme inc.］
撮影　山出高士（P16～21、P89）
編集協力　渡辺千晶
地図　アトリエ・プラン
編集　新垣奈都子
編集人　土屋広道
発行人　江頭 誠
発行所　株式会社 交通新聞社
〒101-0062　東京都千代田区神田駿河台2-3-11　NBF御茶ノ水ビル
編集部☎03・6831・6560　販売部☎03・6831・6622　http://www.kotsu.co.jp/
印刷／製本　凸版印刷株式会社

ISBN978-4-330-60515-9